SOUVENIR OBLIGÉ

DE LUCHON.

DU MÊME AUTEUR :

BAINS ET COURSES DE LUCHON. In-18 avec carte, etc. 2ᵉ édition. 2 fr.

EXPÉRIENCES DU LAC D'OO. In-18 avec 5 planches. 1 fr. 50

ITINÉRAIRE DE LA GRANDE TOURNÉE DES BAINS. In-18 avec carte et lithographies. 1 fr. 50

ITINÉRAIRES EN FRANCE. In-18 avec 7 planches. 4 fr.

COURS DE GÉOLOGIE AGRICOLE théorique et pratique. 1 vol. in-8. 5 fr.

COURS ABRÉGÉ DE GÉOLOGIE pour les gens du monde. 1 volume in-8. 4 fr.

MANUEL ÉLÉMENTAIRE DE GÉOLOGIE appliquée à l'agriculture et à l'industrie, avec un *Dictionnaire géologique*. 1 vol. in-18. 5ᵉ édition. 2 fr. 50

MINÉRALOGIE PRATIQUE, manuel complet de minéralogie pure et appliquée, 1 gros vol. in-8.

LA GÉOLOGIE DANS SES RAPPORTS AVEC L'AGRICULTURE ET L'ÉCONOMIE POLITIQUE. In-8, 2ᵉ édition. 2 fr.

COUPES DÉTAILLÉES DES TERRAINS AVEC LEURS ÉTAGES SUCCESSIFS ET LEURS FOSSILES CARACTÉRISTIQUES. Très-grand tableau colorié (3 mètres de long). 10 fr.

TABLEAU DE L'ÉTAT DU GLOBE A SES DIFFÉRENTS AGES. Résumé synoptique du Cours de géologie. Feuille Colombier (4ᵉ éd.). 2 fr. 50

TABLEAU FIGURATIF DE LA STRUCTURE MINÉRALE DU GLOBE. Résumé synoptique du Cours de géognosie. Feuille colombier (3ᵉ édition). 30 fr.

ENSEMBLE DES MATÉRIAUX DONT LE GLOBE TERRESTRE EST FORMÉ, très-grand tableau colorié, 3 mètres 80 sur 1 m. 30. 30 fr.

MARCHE GÉOLOGIQUE DU CHOLÉRA. In-8. 75 c.

BULLETIN D'HISTOIRE NATURELLE DE FRANCE, avec portraits. In-8. (1ʳᵉ et 2ᵉ années.) 5 fr.

LA RÉFORME AGRICOLE, journal des engrais et des amendements (publié sans interruption depuis 1848). 6 fr. par an.

Chez les mêmes.

SOUVENIR OBLIGÉ
DE LUCHON,

PRÉCIS

de ce qu'il importe le plus de voir à Luchon
et dans ses alentours.

AVEC LE LIVRET DU MUSÉE.

EXTRAIT DES BAINS ET COURSES DE LUCHON

Par M. Nérée BOUBÉE,

INGÉNIEUR-GÉOLOGUE,

Membre de plusieurs académies et sociétés savantes de France et de l'étranger,
Directeur de la *Réforme agricole*,
Auteur de plusieurs ouvrages sur les Pyrénées,
et d'un grand nombre d'ouvrages et de tableaux géologiques,
etc., etc.

—o◎o—

NOUVELLE ÉDITION

—o◎o—

PARIS

CHEZ ÉLOFFE ET Cⁱᵉ, NATURALISTES,

Rue de l'École-de-Médecine, 10.

LUCHON, CHEZ DULON, LIBRAIRE, ET AU MUSÉE PYRÉNÉEN.

PRÉFACE.

Par ces mots : « *Souvenir* OBLIGÉ », qui forment le titre de cet opuscule, j'ai voulu dire qu'il renferme, dans un cadre aussi restreint que possible, l'indication et la description de tout ce que doit *nécessairement* voir, à Luchon, le voyageur qui veut garder un souvenir complet de son passage dans ce lieu pittoresque.

Cet extrait de mes *Bains et courses de Luchon* s'adresse donc au touriste qui ne vient passer à Bagnères que trois à quatre jours, ainsi qu'au malade qui, après la saison des bains, heureux d'être délivré de son mal, veut, avant de partir, connaître les points les plus célèbres et faire les trois courses les plus ravissantes des alentours de Luchon.

Il est incontestable qu'après que l'on a passé deux mois à Luchon, et que l'on a fait d'une manière complète les courses et promenades des environs, ce qui reste le plus profondément gravé dans le souvenir, lorsqu'on est loin des montagnes, c'est, par-dessus tout, l'Établissement thermal, la Vallée du Lis, le Lac d'Oo, le Port de Vénasque, l'Église, le Musée, le Casino, et aussi, bien entendu, quelques détails fort intéressants remarqués dans plusieurs autres courses, mais dont aucune, dans son ensemble, ne frappe le promeneur aussi vivement que les admirables vallées du Lis, du Lac et du Port de Vénasque.

En sorte que le souvenir le plus parfait, le plus important, le plus *obligé* de Luchon, peut, en effet, se comprendre dans ces quelques mots : Les Bains, le Lis, le Port, le Lac et le Musée, et qu'il doit suffire de quelques pages pour donner une notice exacte sur tout ce qu'il importe de voir à Luchon et dans ses alentours.

J'écarterai notamment de cet extrait la plupart des notes scientifiques qui, dans mon ouvrage, complètent la description de chaque course, et qui intéresseraient peu les lecteurs pressés auxquels s'adressent ces quelques pages.

Mais par contre, et pour rendre ce *Précis* plus utile à quelques baigneurs, j'y insérerai les diverses instructions relatives aux guides, à la manière de monter à cheval, etc.; afin que, pendant ou après leur traitement thermal, mes lecteurs soient préparés à faire au moins les trois courses les plus *obligées* de Luchon.

Si le charme de ces promenades les entraîne à vouloir faire aussi toutes les autres, ou seulement les plus renommées : *Super-Bagnères, l'Entecade, le Monné, Bacanère, Saint-Bertrand, Bosost, Vénasque,* etc., ils trouveront chez Dulon, libraire, divers ouvrages pour les guider, pour les instruire, et notamment la nouvelle édition de mes *Bains et courses de Luchon*, considérablement augmentée, qui ne contient pas moins de 56 courses et promenades, et où j'ai eu soin d'exposer aussi d'une manière détaillée tout ce qui est relatif à l'usage des eaux et à l'histoire du pays (1).

Dans tous les cas, il est indispensable, pour bien faire ces courses et ces promenades, de les lire à l'avance dans un bon livre, et même d'emporter le livre avec soi pour y retrouver divers détails que

---

(1) *Bains et courses de Luchon*, 1 vol. grand in-18, chez Dulon, libraire-éditeur. Prix : 2 fr.

Ce qui distingue cet ouvrage, dont cet extrait peut donner une idée très-exacte, c'est que l'auteur a fait lui-même toutes les courses et promenades qu'il décrit, qu'il a pris sur place les observations de toute espèce qui y sont consignées et qu'il n'a écrit son livre qu'après avoir exploré ces montagnes dans tous les sens pendant douze années consécutives.

la mémoire ne conserve bien que lorsqu'on les observe sur place. Or, comme les guides des Pyrénées sont à peu près tous incapables de faire faire aux touristes aucune observation intéressante, aucune remarque instructive, et qu'ils n'ont à leur usage, pour la plupart, que quelques banalités triviales, on ne saurait retirer de ces belles courses tout le fruit, c'est-à-dire tout le plaisir et toute l'instruction qu'elles peuvent donner, qu'à la condition d'avoir avec soi le livre qui peut le mieux suppléer à l'ignorance du guide.

Emploi de trois jours à Luchon.

Celui qui n'a que *trois jours* à consacrer à Luchon, devra :

Le premier jour, visiter les bains et faire la course du Lac.

Le lendemain, il consacrera la matinée à voir l'Eglise et le Musée, l'après-midi à faire la petite course de la vallée du Lis, et la soirée au Casino.

Le troisième jour sera tout entier consacré à la grande et belle course du Port de Vénasque.

SOUVENIR OBLIGÉ

DE LUCHON.

1° LES BAINS.

Les Eaux, — leur nature, — leurs propriétés, — leur découverte.

La réputation des Eaux de Luchon va croissant de jour en jour, et rien n'est mieux acquis que cette réputation. Luchon possède, en effet, un nombre considérable de sources (cinquante-quatre); ces sources sont très-abondantes, et il n'en est pas dans le reste des Pyrénées qui offrent à l'analyse une aussi grande proportion de matières minérales diverses, ni dont la puissante efficacité ait été constatée par des cures plus merveilleuses.

Leur nature. — Les eaux de Bagnères-de-Luchon sont essentiellement sulfureuses-naturelles-chaudes. La température et la proportion des matières sulfureuses dissoutes varient d'une source à l'autre; mais toutes sont chaudes et toutes fortement sulfureuses. Ce sont incontestablement, et cela ressort des beaux travaux de M. le docteur Fontan, les eaux les plus sulfureuses des Pyrénées.

Leurs propriétés. — Les eaux de Luchon, convenablement employées, sont toutes-puissantes contre les rhumatismes chroniques, les maladies de matrice, les maladies cutanées, les affections vénériennes invétérées, etc. Chaque année, elles guérissent des malades abandonnés par les médecins et qui n'auraient pas dû tant tarder à réclamer les bienfaits des nymphes thermales.

Mais si les sources luchonnaises ont une si grande énergie contre les maladies les plus rebelles aux moyens ordinaires de la médecine, elles deviennent quelquefois dangereuses et meurtrières lorsqu'on les applique à de faibles tempéraments qui ne réclamaient que des moyens beaucoup moins énergiques : aussi doit-on se garder d'en faire usage sans l'avis et les conseils fréquents d'un médecin.

Leur découverte. — Il serait impossible d'assigner une date à la découverte des eaux de Luchon. Les Romains les fréquentèrent et les embellirent tant que dura leur domination dans les Gaules. Plusieurs témoignages gravés sur le marbre en font foi. On voit encore au-dessus de la porte d'entrée de l'établissement thermal un grand autel votif portant une amphore sur l'une de ses faces avec cette inscription :

NYMPHIS
AVG
SACRVM

(Autel consacré aux augustes nymphes.)

Au moyen âge, les Barbares ayant envahi la Gaule et les Pyrénées, Luchon dut être saccagé de fond en comble. Les vallées pyrénéennes furent couvertes de décombres et bientôt après de végétations marécageuses et sauvages.

Plus tard, les habitants établirent sous des échoppes des baignoires creusées dans des troncs d'arbres. Les eaux y étaient amenées par des tuyaux de bois.

Tel était encore, en 1761, l'établissement de Luchon. A cette époque, Luchon ne communiquait avec l'intérieur que par un mauvais sentier suspendu sur les abîmes de la vallée, accessible aux mulets seulement, et souvent intercepté par des bandes de malfaiteurs.

Vers 1754, un des seigneurs des environs, atteint de douleurs rhumatismales, ayant entendu parler très-favorablement des eaux de Luchon, s'était hasardé à venir s'y baigner, et en effet il y guérit. Bientôt, appelé à Auch où était l'Intendance, il s'empressa de raconter son séjour et sa guérison à Luchon. M. d'Etigny occupait le poste d'intendant. Plein de vues élevées en administration et dévoué à la prospérité du pays, il ne négligea pas cet avis et vint visiter les montagnes luchonnaises ; il fut surpris de la beauté du pays et de son délaissement. Il eut dès lors l'idée de l'élever au rang auquel il pouvait aspirer. Il appela les deux savants les plus connus à cette époque, Bayen, le chimiste, et Richard, le pharmacien en chef de l'armée française, pour faire l'analyse des eaux, travail qui fut longtemps cité comme un modèle d'analyse en ce genre. M. d'Etigny fit aussitôt tracer et exécuter la route de Montrejeau à Luchon et celle du port de Peyresourde entre Luchon et Bigorre.

Puis il ouvrit la belle allée des bains, maintenant le *Cours d'Etigny*..... Mais que d'obstacles et d'oppositions il fallut vaincre pour réaliser tous ces progrès!

Les plus récalcitrants, pourrait-on le croire, furent les Luchonnais eux-mêmes, qui voulaient absolument s'emparer de M. d'Etigny pour le lapider en place publique, à tel point qu'il fallut faire stationner à Luchon une compagnie de dragons pour protéger les travaux de l'allée. Les Luchonnais se révoltaient à outrance contre une mesure qui partageait leurs terres et en enlevait quelques lambeaux à la culture.

A peine la route de la vallée fut-elle terminée, qu'il vint à Luchon plusieurs messageries, dont le nombre ne cessa de s'accroître d'année en année. De belles maisons s'élevèrent bientôt; aux toits de chaume qui étaient les seuls connus à Luchon succédèrent les toitures d'ardoise; et de 1815 jusqu'à nos jours, sous l'administration successive de MM. Paul Boileau, Azemar et Soulerat, le progrès a été si rapide, que Luchon a pris le rang de cité et offre à peu près déjà toute espèce de ressources. Les dernières années surtout viennent d'être marquées par des améliorations d'une haute importance.

Les limites de cet extrait me forcent à réduire beaucoup ces indications historiques et à renvoyer à mes *Bains et Courses* ceux de mes lecteurs qui voudront avoir l'histoire complète de Luchon, ainsi qu'une description générale des sources et des bains.

HISTORIQUE DE L'ÉTABLISSEMENT THERMAL. FOUILLES MERVEILLEUSES, ÉTAT ACTUEL.

Il n'y avait autrefois que huit sources à Luchon. Ce nombre et leur abondance se sont beaucoup accrus dans ces dernières années, grâce à de grands travaux de recherches commencés en 1832, et qui se sont continués presque chaque année depuis cette époque.

Qu'il me soit permis ici de dire que M. le docteur Fontan et moi avons été les premiers à reconnaître et à déduire d'une étude géologique très-attentive l'existence certaine d'un grand nombre de sources thermales qu'on n'avait pas encore soupçonnées.

M. Azemar, maire à cette époque, l'homme le plus dévoué au pays que Luchon ait jamais possédé, saisit avec bonheur les remarques que nous lui fîmes faire sur les lieux, et aussitôt il mit tout en œuvre pour ouvrir les recherches sur une grande échelle. Je fixai en sa présence les directions qu'il fallait suivre dans ces fouilles, et il prit lui-même la haute direction des travaux.

Dès la première campagne, M. Azemar eut le bonheur, et ce fut pour lui un bonheur indicible, de rencontrer plusieurs sources nouvelles et abondantes.

Après un résultat si important pour Bagnères, M. François, ingénieur des mines, fut officiellement chargé de continuer les fouilles, avec ordre de ne rien ménager pour que les travaux fussent parfaitement bien faits et longtemps durables. M. François continua les galeries dans les directions que j'avais tracées et que MM. Fontan et Azemar avaient adoptées. Il obtint aussi de prompts et brillants résultats.

Depuis, M. François a ouvert des fouilles dans de nouvelles directions avec beaucoup d'habileté et avec un succès qui ne s'est jamais démenti ; en sorte qu'il y a maintenant cinquante-quatre sources plus ou moins distinctes à Luchon, sans compter celles que l'on découvrira encore ; car il est positif qu'on n'est pas au bout de ces merveilleuses recherches.

Dès les premières années de ces fouilles, sur les instances vives et soutenues de MM. Fontan et Azemar, auxquelles MM. François, Ferras, le docteur Viguerie, le docteur Barié, Paul Boileau, Soulerat, Artigala, etc., prêtèrent le concours le plus actif, fut résolue la construction d'un grand et magnifique établissement thermal en rapport avec la richesse et la valeur thérapeutique des eaux et l'importance que Luchon gagnait d'année en année d'une manière si rapide.

MM. Fontan et François se livrèrent aussitôt à de grands travaux, à des recherches de toute espèce, et l'on ne saurait oublier qu'ils ont été les instigateurs les plus zélés de cette grande création. Ensuite est venu M. Chambert, architecte de la ville de Toulouse, qui resta définitivement chargé de diriger toute la construction, sous la surveillance d'une Commission scientifique nommée par le Préfet et présidée par le savant médecin de Toulouse, le docteur Viguerie.

Malheureusement, des divergences très-regrettables

vinrent rompre l'harmonie qui jusqu'alors s'était parfaitement maintenue entre les fondateurs de l'établissement. La mort enleva M. Azemar, l'âme primitive du projet; et bientôt M. Fontan, qui en était l'esprit scientifique, fut en butte à une opposition si mal déguisée, que la Commission scientifique instituée pour éclairer toutes les questions relatives à la construction et à l'aménagement si complexe de l'établissement cessa de se réunir.

Dès ce moment, le Conseil municipal de Luchon et le Préfet de la Haute-Garonne restèrent chargés de l'administration de l'entreprise.

MM. François et Chambert, ayant seuls la direction des travaux, mirent tout leur zèle à se bien tirer d'une mission aussi difficile.

Maintenant, on peut voir que si l'établissement n'est pas irréprochable dans tous ses détails, il constitue certainement dans son ensemble un des établissements de bains les plus remarquables qu'on puisse rencontrer et dans lequel il a été ménagé un tel nombre de moyens thérapeutiques, qu'à ce point de vue et grâce au nombre, à la diversité et à l'abondance des sources, il est absolument sans rival dans le monde entier.

VISITE A L'ÉTABLISSEMENT THERMAL.

Il y a deux parties bien distinctes à visiter pour bien voir et apprécier les bains de Luchon :

1° *Les galeries souterraines* creusées dans la montagne, dont quelques-unes sont taillées dans le granit; elles ont ensemble près de mille mètres de développement. Il suffira de se faire ouvrir quelques-unes de ces galeries pour en apprécier la construction et la température élevée qui y règne et qui est telle, qu'on y est comme dans une étuve. Aussi quelques-unes de ces galeries ont-elles été appropriées, dans une partie de leur étendue, pour servir de salles d'inhalation et d'étuves sèches.

On visitera notamment la galerie de la Reine, qui présente à son entrée une salle d'une forme demi-circulaire au milieu de laquelle existe un tambour muni d'ouvertures à l'aide desquelles on peut répandre une quantité de vapeur plus ou moins considérable; une petite galerie latérale sert de vestiaire. C'est là un bain de vapeur complet et très-souvent employé. On y place plusieurs malades ensemble.

Entre ces galeries souterraines et les réservoirs existe une promenade de près de 500 mètres sur laquelle donnent les buvettes, dont quelques-unes, munies d'un appareil de serpentinage, offrent une eau qui peut être bue sans mélange d'eau froide.

Dix-neuf réservoirs sont placés à l'entrée postérieure du bâtiment thermal.

2° *L'établissement thermal.*

Après avoir visité les galeries, les buvettes et les réservoirs, on entrera dans l'établissement par la grande porte principale, au milieu de la colonnade, pour mieux juger de l'effet général du monument. La première salle qui se présente est la grande salle des Pas-Perdus qui communique à droite et à gauche par deux belles galeries transversales avec toutes les parties des thermes, et qui se termine par un grand escalier montant aux salles d'inhalation, aux buvettes supérieures, aux réservoirs, aux étuves souterraines que l'on vient de parcourir tout à l'heure. Dans cette salle des **Pas-Perdus**, on voit de belles *peintures*, et entre autres une allégorie représentant le Génie des sources découvrant les eaux qu'il montre à la Chimie et à la Médecine, et l'Architecture traçant le plan d'un édifice digne de les recevoir. Mais ces peintures, remarquables à plus d'un titre, sont loin d'être à l'abri de toute critique (1).

Douze salles de bains s'ouvrent à droite et à gauche dans les galeries qui aboutissent à la salle des Pas-Perdus. Parmi ces salles les unes ont une voûte très-basse, les autres une voûte très-élevée, d'autres enfin offrent des cabinets couverts par de simples tentures en coutil : conditions toutes diverses qui, en modifiant différemment la température et l'action de l'air sur les vapeurs sulfureuses, donnent autant de qualités différentes aux bains de chacune de ces salles; de telle manière que les eaux de chaque source peuvent être prises avec ou sans bain de vapeur, suivant les prescriptions du médecin.

Enfin les salles et les cabinets sont pourvus d'appareils qui permettent de les aérer sans que les baigneurs éprouvent de brusques variations de température.

Une salle spéciale est disposée pour les dames et présente, comme toutes les précédentes, des baignoires munies de tous les appareils nécessaires pour douches de toute espèce.

Une dernière salle de bains est mise à la disposition des indigents.

(1) Voir *Bains et courses*.

Outre ces belles salles de bains, dont plusieurs sont ornées de décorations peintes à fresque, l'établissement renferme cinq grandes douches, trois piscines, trois douches ascendantes fixes, une douche locale fixe, des étuves, bains et douches de vapeur, des bains russes avec cabinets de repos, une piscine natatoire et sept buvettes inférieures.

Les eaux sont amenées aux réservoirs par des conduits en porcelaine, et de ces réservoirs dans le lieu d'emploi par des conduits en bois injecté qui conservent mieux la température de l'eau.

Cette simple énumération suffit pour faire comprendre combien est important le vaste établissement thermal de Luchon, et avec quels soins tout y a été aménagé dans le but de conserver à l'eau ses qualités, sa température, et pour permettre de modifier les propriétés de telle source en la mélangeant avec telle autre, etc., etc.

Et toutefois, comme il est de la nature des choses humaines de n'être jamais parfaites, on est bien forcé de reconnaître, après avoir admiré tout ce qui est, que ce n'est pas encore tout ce qui pourrait être, et qu'il reste quelques lacunes à combler, quelques détails à perfectionner. M. Chambert lui-même, l'architecte, en convient et avoue qu'il ferait beaucoup mieux, si la chose était à refaire.

Mais qu'auraient donc à faire les générations qui nous suivront, si nous leur laissions toutes choses finies et parfaitement achevées ?

2° INSTRUCTIONS GÉNÉRALES.

—o◉o—

Séjour à Luchon. — Usage des Eaux. — A ceux qui s'ennuient à Luchon.

Ici je pourrais, comme j'ai dû le faire dans mes *Bains et courses*, entrer dans de longs et utiles détails sur tout ce qu'a besoin de savoir l'étranger qui vient se fixer à Luchon pour une saison de bains : sur les logements, sur les moyens de vivre; sur les plaisirs, les ressources et l'industrie de la localité, chapitre encore très-court, mais qui paraît s'étendre un peu plus chaque année; sur la manière de faire usage des eaux; sur les mœurs et coutumes du pays; sur les usages relatifs au prix des voitures, des chevaux, aux gratifications de toute espèce, aux visites, aux costumes du matin, aux honoraires du médecin, etc., etc.; mais ces indications seraient à peu près superflues dans cet Extrait, particulièrement destiné aux touristes et aux visiteurs pressés qui ne veulent passer à Luchon qu'un très-petit nombre de jours et qui vont à peu près tous se loger à l'hôtel.

Toutefois, nous devons prévenir les personnes nerveuses ou délicates qu'elles doivent se garder d'essayer un bain sulfureux sans l'avis d'un médecin; car ces bains sont quelquefois funestes, dès le premier jour, aux tempéraments auxquels ils ne conviennent pas. Tout ce qu'elles peuvent se permettre, c'est de goûter l'eau aux buvettes.

A CEUX QUI S'ENNUIENT A LUCHON.

Vous êtes au milieu des montagnes; de toutes parts s'offrent à vos yeux des formes, des accidents de terrain, des phénomènes qui vous étonnent, que vous ne comprenez pas. La vapeur vous a subitement transportés dans un monde nouveau, dont le spectacle vous surprend, dont vous ne pouvez vous expliquer les lois, l'harmonie, les contrastes, le merveilleux enchaînement. De tout côté vous apercevez des causes et des effets qui sont pour votre esprit des sujets incessants de questions diverses auxquelles vous ne pouvez répondre.

Prenez un traité de géologie, élémentaire et philosophique, lisez-le et relisez-le : c'est certainement la lecture la plus opportune que vous puissiez faire au milieu des montagnes. Elle offre à la fois tout l'intérêt d'un roman et l'utilité d'une étude scientifique on ne peut plus facile et d'une application de tous les jours. Les grandes questions que traite la géologie élargiront le cadre ordinaire de vos idées, frapperont et occuperont votre esprit, d'autant plus qu'à chaque pas vous rencontrerez des objets et des faits qui seront pour vous la justification matérielle de toutes ces magnifiques théories. Les courses ne seront plus pour vous un simple but d'admiration poétique; en reconnaissant la solution de toutes ces questions muettes que la belle nature adresse en foule à votre esprit, vous y trouverez une source inépuisable d'intérêt et d'instruction.

En un mot, dès que vous serez pénétrés des principes de la géologie, vos promenades de chaque jour auront un charme que vous ne soupçonniez pas, l'ennui ne sera plus possible pour vous à Luchon.

Et combien il est regrettable, en effet, que les jeunes gens ignorent en général le bonheur que procure même aux hommes qui n'ont reçu aucune instruction première, le culte si facile des sciences naturelles. On n'en verrait pas un aussi grand nombre livrés au dégoût, à l'oisiveté, à l'ennui le plus profond, cherchant, mais ne pouvant trouver dans les lieux publics que des distractions monotones, des plaisirs sur lesquels ils sont déjà blasés et qui finissent par leur devenir insupportables; tandis que la nature inépuisable offre à tous ceux qui se prennent à l'observer, à l'interroger, un charme qui l'emporte bientôt sur les passions les plus vives, sur les habitudes les plus impérieuses.

Rien n'égale, en effet, le bonheur du naturaliste, lorsqu'il se livre à ses explorations, à ses lectures spéciales, au classement de sa collection; et ce bonheur, calme et durable, que ne traverse jamais aucune déception cruelle, aucune amertume cuisante, lui procure encore souvent la gloire de quelque découverte utile ou tout au moins une réputation honorable et flatteuse, quelquefois même une fortune brillante qui devient le prix d'une observation faite en courant sur des gisements que les habitants du pays foulaient aux pieds depuis des siècles.

Que celui qui s'ennuie, que celui qui se sent attristé par des chagrins ou par des malheurs qui paraissent irréparables, se livre donc en toute confiance à la lecture de quelques ouvrages faciles sur la géologie ou sur quelque autre branche de l'histoire naturelle. Avant un mois le calme sera rentré dans son âme, et bientôt il nous remerciera vivement du bon conseil qu'il aura trouvé dans ces quelques pages et que nous ne pouvions donner d'une manière plus opportune qu'au milieu des montagnes où tout engage le visiteur à observer et à rechercher les merveilles de la nature.

Cadeaux de voyage. — Nous avons un autre conseil à donner et qui, au même titre, peut trouver ici sa place. Il s'adresse surtout aux mères et aux personnes qui veulent rapporter à leurs enfants ou à de jeunes amis un souvenir de leur voyage. Mais ce conseil est déjà formulé dans la *Réforme agricole* et en si bons termes, que nous ne saurions mieux faire que de le reproduire textuellement. :

« Rien ne fera plus de plaisir à un enfant, même à
« une demoiselle, qu'une jolie petite collection de mi-
« néraux, de roches, de coquilles, de fossiles, de
« plantes, etc., bien rangée, bien nommée, bien clas-
« sée. Plus qu'un jouet, plus qu'un bijou, plus qu'une
« image, chaque échantillon excitera sa curiosité, gra-
« vera dans son souvenir une connaissance exacte,
« précise, utilisable; l'habituera à remarquer partout
« les produits de la nature; lui procurera dans ses
« promenades et dans ses voyages ces milles sources
« de plaisir et de bonheur ignorées du public, dont
« les naturalistes seuls connaissent tout le charme;
« qui rendent observateur, perspicace, studieux, ré-
« fléchi; qui repoussent les mauvais penchants, les
« passions funestes, et les remplacent par cet amour,
« ce feu sacré de la science, qui, lorsqu'il se développe
« dès le jeune âge, conduit infailliblement tantôt à la
« fortune, toujours à la célébrité.

« Si l'on savait introduire dans l'éducation des de-
« moiselles l'étude élémentaire de la géologie, qui
« n'est autre chose que l'histoire du monde, bien au-
« trement attrayante et utile que l'histoire des Grecs
« et des Romains, les mères sauraient par elles-mêmes
« combien un enfant peut éprouver de bonheur à dé-
« faire et à refaire sa petite collection de minéraux ou
« de coquilles, et combien ce jeu peut faire naître en
« lui d'inclinations fécondes; et alors que d'heureux
« elles formeraient, que de malheurs elles prévien-
« draient!

« Pour obtenir à cet égard un plein résultat, il faut
« absolument une petite collection méthodique qui
« transforme la science en un amusement et en rende
« l'intelligence facile. Il faut surtout que cette col-
« lection soit exempte de toute erreur de classe-
« ment et de détermination, *chose fort rare*, il est vrai
« (car la plupart des collections qu'on trouve dans le
« commerce et surtout dans les Alpes, dans les Py-
« rénées, etc., fourmillent d'erreurs *grossières*); tou-
« tefois nous pouvons indiquer la maison Éloffe, à
« Paris (1), comme offrant toutes garanties, et comme
« étant la seule connue pour fournir des collections
« parfaitement nommées. »

Guides. — Chevaux. — Premiers principes d'équitation pour les dames et pour les cavaliers. — Amazones. — Division des Courses.

Après les eaux ou même avant les eaux, pour un très-grand nombre, le but principal du voyage de Luchon n'est autre que les courses qui sont à faire dans les belles montagnes des environs.

Ces courses se font à peu près toutes *à cheval*. Il en est quelques-unes que l'on peut faire *en voiture*, et à moins d'être amateur passionné des roches ou des fleurs, on ne fait *à pied* que les petites promenades du matin ou du soir.

Guides. — Un guide est indispensable dans toute grande course et rien n'est plus important qu'un bon guide, surtout lorsque l'on doit faire des courses diffi-ciles et coucher hors de Bagnères. Le voyageur s'aban-

---

(1) On trouve au Musée pyrénéen, à Luchon, un dépôt de col-lections de la maison Éloffe aux mêmes prix qu'à Paris.

donne à son guide corps et biens. Il faut donc que le guide mérite toute sa confiance, soit par sa moralité, soit par sa connaissance parfaite des montagnes qu'il va parcourir. Il n'est pas rare que l'on soit surpris par le brouillard au milieu des montagnes ; alors, si le guide ne connaît parfaitement et minutieusement les lieux, il est souvent impossible d'avancer ou de rétrograder sans s'exposer aux plus grands dangers ; et l'on se trouve dans l'alternative horrible de passer la nuit en plein air, au milieu de la montagne, exposé à un froid glacial, ou de s'engloutir d'un moment à l'autre dans quelque précipice, si l'on a la témérité d'avancer au milieu des ténèbres dans lesquelles on se trouve plongé.

Chevaux. — Les chevaux de Luchon sont en général assez bons pour le rude métier qu'ils subissent. Ils ont le pas très-sûr. Il est infiniment rare qu'ils s'abattent et que leur pied soit en défaut dans les **pas** de montagne les plus difficiles.

Grâce à cette circonstance, il se forme chaque année à Luchon un nombre considérable d'écuyers et d'écuyères qui, tout glacés de frayeur à leur premier essai, sont, au bout de huit jours, les plus intrépides et les plus téméraires.

Pour aider les dames à vaincre plus facilement leurs premières frayeurs, je vais leur présenter, sur la manière de monter à cheval, les indications les plus élémentaires.

Manière de monter à cheval. — Pour *monter à cheval*, la dame se place à la gauche du cheval, prend avec la main droite la corne gauche de la selle, présente son pied droit au guide qui le prend de la main gauche et qui de la main droite soulève la dame sous l'aisselle pour la placer en selle à un temps donné. La dame met dans la fourche de la selle la jambe droite et son pied gauche dans le sabot.

Pour que la dame soit solidement et gracieusement assise à cheval, il faut 1º que son buste, au lieu de rester tourné de côté, comme il paraîtrait naturel d'après la manière dont elle est assise, soit retourné vers la tête du cheval. Pour cela la dame doit se placer carrément sur la selle et avancer ensuite son épaule gauche jusqu'à ce que ses yeux et la tête du cheval se trouvent sur la même ligne, et qu'elle voie entre les oreilles du cheval, comme les cavaliers. 2º La dame ne doit pas être trop enfoncée dans la fourche, mais le gras de sa jambe doit presser à la fois la fourche et le flanc du cheval. C'est de la bonne position dans la fourche que dépend toute sa solidité et sa force à cheval. 3º Les deux pieds doivent être tournés en dedans, et le sabot doit être assez relevé pour que la dame le sente comme un point d'appui, mais sans qu'il relève sa jambe et l'empêche de l'appliquer tout entière contre les flancs du cheval.

Lorsque la dame est assise, elle doit se soulever un instant pour permettre au guide de rassembler sur la selle les plis de son amazone.

De la main gauche la dame prend les rênes de son cheval, en mettant son petit doigt et l'annulaire entre les deux guides. Elle les maintient assez tendues pour que le cheval sente seulement que les rênes ne sont pas abandonnées, mais non pas de manière à ce qu'il ait la bouche gênée et la tête forcément levée. On doit laisser le cheval libre de porter la tête plus ou moins relevée, selon l'allure qui lui est habituelle; mais la dame doit saisir ses rênes à telle distance, qu'au lieu de tenir la main trop près de la poitrine, elle la maintienne assez en avant pour lui permettre de libres mouvements, et notamment pour retenir la bride en arrière, lorsque le cheval viendrait à broncher, ou lorsqu'elle voudrait en ralentir ou arrêter le pas.

Les dames n'ayant pas d'éperons doivent indispensablement tenir une cravache dans la main droite.

Pour *marcher*, il n'est besoin d'aucun soin particulier.

Pour *aller au trot*, il faut éviter d'incliner le corps en avant ou en arrière. Si le cheval a un trot rapide et allongé, on le supporte sans fatigue et sans peine en trottant à l'anglaise. Pour *trotter à l'anglaise*, il faut se pencher légèrement en avant, presser fortement sur l'étrier et s'enlever de la selle au moment où l'on sent que le cheval va s'enlever aussi : on évite ainsi tout ce que le trot a de brusque et de fatigant.

Les dames qui ne sauraient pas s'habituer à trotter à l'anglaise doivent éviter le grand trot : rien n'est plus pénible; c'est assez d'une course au trot pour condamner à deux ou trois jours de repos. Le petit trot ou mieux l'entrepas sont seuls un peu supportables; encore même les dames s'en trouvent-elles bientôt fatiguées; mais peu de chevaux à Luchon prennent franchement cette allure.

Le *galop*, toujours agréable au moment même, est cependant très-fatigant pour les dames qui ne sont pas bien assises à cheval. Elles seront même quelquefois meurtries et déchirées, si faute d'habitude elles se laissent retomber de trop haut à chaque galop du cheval. En outre, au moment où le cheval passe du galop au trot, elles ont à subir un froissement brusque dont tout le corps est atteint et qui arrache les entrailles.

Pour lancer le cheval au galop, il faut que la dame relève la main qui tient les rênes de manière à donner une légère secousse au cheval, en même temps qu'elle le frappe vivement d'un coup de cravache et qu'elle l'excite par un petit cri bref et vif.

On doit éviter d'arrêter brusquement le cheval lorsqu'il est lancé au galop, et surtout de galoper dans les endroits où la route est tortueuse.

Lorsque l'on doit *arrêter* un cheval lancé au galop, il faut prévoir d'un peu loin le point où il devra cesser de galoper et lui faire sentir légèrement la bride, comme pour le prévenir que bientôt il devra changer de pas.

On ne doit jamais faire galoper les chevaux dans les descentes; ce n'est même que dans les descentes les plus douces que l'on peut leur faire prendre le trot. Il faut les laisser au pas.

Dans les descentes très-rapides, il est toujours prudent, quelquefois indispensable, de descendre de cheval. Si l'on reste sur la selle, il faut se garder de retenir la bride; le cheval doit avoir la tête libre : seulement il faut tenir avec soin la bride du cheval et être assez attentif à sa marche pour le retenir par la bride, s'il venait à broncher, ce qui est fréquent et dangereux dans les descentes rapides. On doit aussi pencher le corps en arrière dans les descentes pour assurer le pas du cheval. — Lorsque l'on est pressé d'arriver, on ne doit pas hésiter à mettre pied à terre dans les descentes rapides. Le cheval descendra beaucoup plus vite que si l'on était dessus.

Dans les montées, on doit également éviter de faire trotter ou galoper les chevaux ; on peut seulement presser leur pas pour gagner du temps. Dans les longues montées, on peut sans danger abandonner les rênes au cheval pour observer librement autour de soi. On fera bien, ainsi que dans les fortes descentes, de laisser au cheval le libre choix de son chemin. Livrés à eux-mêmes, les chevaux de montagne sont beaucoup plus solides que si l'on s'occupait de diriger et de maîtriser leur marche. En montant, on doit se pencher un peu en avant.

Pour *descendre de cheval*, la dame doit appuyer la main gauche sur l'épaule de son cavalier, la main droite sur la fourche de la selle et sauter en bas.

Tout cet article, je le répète, ne s'adresse qu'aux dames qui, n'étant jamais montées à cheval, se font un effroi de ces courses de Luchon, auxquelles il leur est cependant impossible de se soustraire, et où d'ailleurs elles prennent d'ordinaire, dès leur début, une bonne part de plaisir.

Les *cavaliers*, qui se trouveraient dans le même cas et dans le même embarras, devront prendre pour eux les mêmes indications, sauf ce qui suit :

Pour les cavaliers. — Les hommes, pour monter à cheval, saisissent à la fois, de la main gauche, la bride et la crinière du cheval, placent le pied gauche sur l'étrier gauche du cheval et s'enlèvent de manière à tomber en fourche sur la selle. Il faut, dans cet élan, éviter de pencher le corps en avant, rester bien droit, et lever la jambe droite au moment où l'on se sent porté sur l'étrier.

Le guide doit remonter ou abaisser les étriers jusqu'à ce que le cavalier les sente fortement avec le pied, sans que néanmoins la jambe se trouve par eux soulevée et ployée; on ne doit mettre que la pointe du pied dans l'étrier, abaisser le talon au-dessous du niveau de la pointe du pied, le tenir en dehors sans écarter les jambes, et diriger la pointe vers la tête du cheval. Pour être bien assis et solide à cheval, le cavalier doit sentir qu'il tient son cheval pressé et serré sous lui, qu'il adhère au cheval par le plus de surface possible et qu'il trouve dans ses étriers un libre et bon point d'appui.

3° LES COURSES.

PREMIÈRE COURSE.

LE LAC ET LA CASCADE D'OO.

Petite course de vallée à cheval ou à pied (6 à 8 heures pour l'aller, le retour et la station du lac.) Quelquefois on la fait en 4 à 5 heures, mais il faut un très-bon cheval, galoper toujours et renoncer presque à rien voir. Enfin j'ai entendu quelques jeunes fous se vanter avec beaucoup d'orgueil d'avoir fait cette course en 3 heures! Pour moi, si j'eusse jamais commis pareille extravagance, je me fusse gardé de m'en vanter. Quel mérite peut-on trouver à assassiner un malheureux cheval, à s'éreinter soi-même et à revenir du lac, la tête, l'esprit et le cœur aussi vides qu'auparavant?

Départ. — Choisissez pour cette course, si vous le pouvez, un temps couvert, mais sans brouillard, et une chaussure forte et imperméable; car vous aurez à traverser des flaques d'eau et des roches dures et pointues entassées au pied de la cascade. Nul besoin de lunette, de fusil, de crampons, de bâton ferré, etc. Mais je conseille fort aux dames et aux messieurs qui redoutent à juste titre une vive et humide fraîcheur de se pourvoir d'un châle ou d'un manteau pour contempler librement, au pied de la cascade, ce qui est le plus admirable dans le bassin de Séculéjo, cette chute si immense et si vaporeuse.

Si vous obtenez une journée nuageuse, partez vers les 8 heures et emportez des provisions pour déjeuner au bord du lac. Mais s'il faut vous résoudre à faire cette course par un temps découvert, déjeunez à Bagnères et ne partez que vers 11 heures ou midi, afin de n'arriver au lac ou du moins de n'en repartir que lorsque le soleil, abandonnant le bassin, permettra de contempler dans l'ombre ce magnifique tableau. Par trop de lumière, il perd la moitié de son effet. Vous ne pourrez, il est vrai, rentrer que vers 7 ou 8 heures; mais la route est si belle, qu'il n'en peut résulter aucun inconvénient. Seulement prévenez votre traiteur pour l'heure du dîner, et emportez un petit goûter, si mieux n'aimez manger une truite du lac, qui sera prise sous vos yeux. Le fermier du lac vous offrira d'ailleurs quelques provisions, mais à un taux élevé; vous devez vous y attendre.

En outre, un impôt est prélevé sur tous les visiteurs par le même fermier. C'est un prétendu *droit* autorisé par un arrêté du Préfet, et en vertu duquel le dit fermier réclame 25 c. de chaque visiteur et autant de son cheval, pour le seul fait de leur passage devant le lac. De plus, il en coûte 50 c. pour l'avoine qu'il faut bien donner au cheval, et 50 c. ou 1 fr. pour le bateau; c'est donc au moins 1 fr. 50 c. que chaque visiteur doit au fermier; et pour peu qu'il touche à sa table ou à ses truites, les *droits* s'élèvent alors bien plus rapidement. Si je vous donne ici, cher voyageur, cette indication dès le départ, c'est pour que vous n'oubliiez pas votre bourse à Luchon. Je vous en donnerai encore une autre: c'est de ne rien commander au lac ni de n'y rien accepter sans faire prix d'avance. C'est là d'ailleurs une règle à observer à peu près partout dans les montagnes.

La course du lac est une de celles qui permettent le

plus de lancer les chevaux au galop. Vous pourriez la faire sans guide, tant le chemin est facile et tant il est connu des chevaux qui, d'eux-mêmes, vous porteront au lac, si vous les livrez à leur instinct et leur laissez le choix du chemin. Néanmoins, mieux vaut prendre un guide, ne fût-ce que pour prêter, au besoin, main forte aux dames.

MARCHE. — 1º **De Bagnères au plateau de la Saunère, 15 minutes.**

Au départ, vous vous trouvez serré entre les montagnes de Cazaril et de Super-Bagnères, et encore caché sous le dôme des sycomores : c'est l'allée des Soupirs. Un double rang de sorbiers des oiseaux aux grappes rouges vous accompagne jusqu'au pont des Soupirs. Traversez le pont, suivez encore la route quelques instants jusqu'au premier tournant : c'est là le plateau de la Saunère. Tournez-vous vers Luchon et jouissez du coup d'œil que procure cette position élevée.

HISTOIRE JUDICIAIRE.

C'est là que jadis venait se placer, sous un léger abri et sur une roche maintenant détruite par les travaux de la route, le juge (le bailli de Fronsac, chef-lieu du Comminges), qui, à intervalles périodiques, venait rendre la justice aux habitants du pays luchonnais. Il y avait loin de ce tribunal en plein vent à nos palais de justice qu'on ne sait plus construire assez magnifiques, assez ruineux pour le pays; il y avait loin aussi des plaidoiries en usage dans cette cour aux belles et savantes discussions de nos avocats modernes. Du moins on perdait peu de temps en formes de procédure et en éloquentes déclamations. Le demandeur exposait le grief de son client et déclarait le chiffre des dommages auxquels il croyait pouvoir prétendre. L'avocat adverse se levait aussitôt d'un air furieux, et prenant sa voix la plus éclatante : « M.... tu auras », s'écriait-il. Là se bornait d'habitude toute sa réplique, et le juge, très-éclairé par cette odorante plaidoirie, prononçait aussitôt. — Dans l'*Itinéraire de la grande tournée des Bains* j'ai cité à St-Savin un exemple plus curieux encore de la manière dont se rendait la justice à cette époque. Là, le juge ordonnait habituellement que la contestation fût vidée à coups de bâton ; et c'était toujours l'avocat qui défendait jusqu'au bout les intérêts de son client.

2° Du plateau de la Saunère à la chapelle Saint-Aventin, 40 m.

On voit peu à peu s'ouvrir et se développer la belle vallée du Larboust.

On rencontre un premier pont que l'on nomme dans le pays le premier pont de Pons, un peu plus loin le second pont de Pons ; et alors on découvre au haut de la montagne, à droite, la tour carrée de Saint-Aventin dite *Castel-Blancat* (château blanchi). Elle se montre déchirée d'un côté à sa base, et il ne reste plus rien du revêtement de chaux auquel elle doit sans doute le nom qu'elle a conservé.

Après le pont on voit bientôt sur la route la petite chapelle de Saint-Aventin.

CHRONIQUE MIRACULEUSE.

Saint Aventin (les vieux montagnards disent : *Mounségnu dé sant Abanti*) fut enfermé par les persécuteurs de la foi dans la tour de Castel-Blancat. Pour échapper à cette prison, le saint rompit une encoignure de la tour et, s'élançant avec force, il vint tomber de l'autre côté du vallon sur le point où est maintenant bâtie sa chapelle. La pierre sur laquelle il tomba est religieusement conservée au pied du mur de cette chapelle; elle est de granit, et l'on y reconnaît encore l'empreinte du pied de saint Aventin. Aussitôt repris par ses bourreaux, saint Aventin fut décapité et enterré sur le lieu même.

Beaucoup plus tard, et lorsqu'on avait déjà perdu de vue l'endroit où gisait le corps du saint, un pâtre de la vallée, par un beau jour de printemps, remarqua un de ses taureaux qui mugissait avec force loin du troupeau. Il s'approcha, ne vit aucune cause à ces mugissements et ramena le taureau au milieu de sa troupe. Bientôt le même animal se détacha et revint mugir sur le même point. Le berger examina avec plus de soin et, ne découvrant rien, ramena encore son taureau. Celui-ci s'échappa une troisième fois et revint au même lieu mugir plus fortement encore. Le berger, s'imaginant qu'il devait y avoir quelque chose dans cet endroit, se mit à creuser et bientôt il découvrit le corps du saint parfaitement conservé.

Grande fut la joie dans le pays..... Mais presque aussitôt guerre entre les deux communes de Sacourvielle et de Saint-Aventin. Les gens de Sacourvielle voulaient enlever le corps du saint, parce qu'il habitait la tour de Castel-Blancat à l'époque de sa mort. Ceux de Saint-Aventin prétendirent en être les propriétaires bien plus légitimes, puisqu'il se trouvait enterré dans leur territoire. Après longues contestations, les sages du pays décidèrent qu'on s'en rapporterait au témoignage du saint lui-même. Pour cela, on plaça son corps sur un traîneau et l'on attela une paire de vaches choisies dans la commune de Sacourvielle, pour voir où elles traîneraient et arrêteraient le saint. Quelle fut la surprise des spectateurs! les efforts de ces vaches restèrent impuissants; le traîneau ne fut pas même déplacé. Vainement on ajouta une seconde et une troisième paire de vaches de Sacourvielle, le traîneau ne bougea pas. On mit alors une paire de vaches de la commune de Saint-Aventin; elles enlevèrent le traîneau, le promenèrent longtemps et s'arrêtèrent dans la commune.

On voit encore au village de Saint-Aventin, dans un des murs extérieurs de l'église, une pierre en marbre blanc, grossièrement sculptée et fort ancienne, qui représente le taureau mugissant sur la tombe du saint.

3º De la chapelle au village de Cazaux, 25 m.

Après la chapelle, on gravit une côte assez rude, avoisinant des calcaires, des calschistes et des marbres encore ignorés, encore inexploités, quoique foulés aux pieds depuis tant d'années, et l'on arrive au village de Saint-Aventin. De loin, chacun remarque la forme originale du clocher, construction ancienne qui ne manque pas d'une certaine élégance. C'est un type que l'on retrouve dans trois ou quatre autres églises du Larboust. A cette époque, les arts comptaient des prosélytes jusqu'au milieu des montagnes les plus reculées.

Voyez dans cette église deux bas-reliefs consacrés à la découverte du corps de saint Aventin, et deux autels votifs consacrés au dieu Abelion (le soleil des Gaulois) incrustés dans les murs du cimetière.

D'Aventin à Cazaux rien de particulier que l'aspect de la vallée, toujours varié, toujours gracieux.

Au moment de toucher aux premières maisons de Cazaux, on a l'habitude de laisser à droite la route de Bigorre pour n'entrer qu'un peu plus bas dans le village, où les chevaux se dirigent infailliblement vers un abreuvoir qui leur est bien connu; mais c'est seulement au retour du lac qu'on devra leur accorder cette satisfaction. L'eau de cette fontaine est d'ailleurs excellente; elle coule sous une croisée du quinzième siècle, portant un écusson soutenu par deux cerfs assez bien sculptés.

Mais pourquoi donc renonce-t-on à voir dans cette course la chose la plus curieuse qui soit dans le Larboust?

PEINTURES CURIEUSES.

Au lieu de tourner à gauche, lorsque vous n'êtes qu'à vingt pas de Cazaux, suivez la route de Bigorre : elle vous conduit à l'église dont les murs et la voûte sont couverts d'anciennes et féeriques peintures, les plus grotesques qu'il soit possible d'imaginer. Ce sont les grands traits de l'Écriture sainte, mais chargés au delà de toute expression. Nul caricaturiste aujourd'hui, même en se livrant sans mesure à son imagination, n'arriverait certainement jusque-là; et cependant il n'est pas croyable que l'auteur de ces peintures ait eu la moindre intention de parodier les pieux sujets qu'il avait à traiter. Combien il est regrettable qu'un des derniers desservants de cette église ait fait badigeonner une partie considérable de ces peintures qui, disait-il, attiraient de profanes regards!

Et voyez si les indications des guides peuvent suffire à celui qui veut bien voir et bien connaître une contrée! Presque personne n'avait, avant mes *Bains et courses*, visité ces peintures si curieuses; cependant tous les baigneurs de Luchon font la course du lac, tous passent près de l'église. Mais soit que, parmi les guides, les uns ne pussent arriver à comprendre ce qui intéresse les étrangers, soit que d'autres voulussent s'épargner de faire les vingt pas de plus qu'occasionne la visite de ces peintures, aucun guide ne signalait jamais aux étrangers cette église de Cazaux. Pour moi, qui en douze ans ai fait plus de vingt fois la course du lac ou le voyage d'Arreau, je n'avais encore entendu ni guide ni baigneur parler de ces peintures, et c'est en explorant minutieusement le pays une dernière fois pour faire mon livre sur les courses de Luchon, que je les ai pour ainsi dire découvertes; car mon guide, connaissant même le but spécial de mes courses, me laissait encore passer devant cette église sans me les annoncer.

4° De Cazaux à Oo, 45 m.

Tout le pays est couvert de gros blocs arrondis, entassés, et tout à fait étrangers aux montagnes environnantes. Tout le monde remarque ce beau fait géologique, tout le monde observe ces roches blanches roulées et pénétrées, en tout sens, de longs cristaux carrés. Cette roche est le *granit gnésiteux porphyroïde*, et les cristaux qui la pénètrent sont du *feldspath*. Les montagnes du port d'Oo, depuis le massif de Crabioules jusqu'à celui de Clarabide, sont formées de cette roche qui n'existe telle nulle part ailleurs, ni dans les Pyrénées, ni dans les autres chaînes de montagnes jusqu'ici décrites par les géologues. C'est donc incontestablement des montagnes d'Oo que proviennent ces blocs roulés. Mais quelle cause les a détachés de leur gîte et les a portés si loin? quelle puissance leur a fait franchir les montagnes et les vallées?... C'est là une des grandes questions de la géologie sur laquelle beaucoup d'opinions diverses ont été habilement émises, et que nul ne doit se permettre de résoudre d'un trait, comme il arrive trop fréquemment.

Pour discuter une question si importante et si complexe, il faut parfaitement bien connaître les faits sur lesquels elle s'établit; et pour bien voir ces faits, il est nécessaire de parcourir le plateau de Garen qui domine à droite le village et la tour d'Oo; il est aussi couvert de ces mêmes blocs de granit porphyroïde. C'est donc à la *course de la Moraine de Garen* que je vous renvoie, cher voyageur, pour y discuter avec quelques détails la belle question des blocs roulés du Larboust, question qui vous intéressera vivement, je l'espère, ne fussiez-vous encore nullement initié aux observations géologiques (1).

Vous traversez au galop le village d'Oo, à moins que vous ne soyez curieux de voir à l'extérieur de l'église quelques caractères de haute antiquité d'assez bon style, ou même de visiter la tour carrée qui précède

(1) V. *Bains et courses de Luchon*, 6ᵉ course.

le village, d'où l'on a extrait quelques inscriptions déposées dans le Musée d'antiques de Toulouse. Cette tour, comme celle de Saint-Aventin, comme celle de Castelviel, près de Luchon, et comme toutes celles du même genre qu'on rencontre dans une grande partie des Pyrénées, fut autrefois construite pour servir à des signaux qui remplaçaient alors nos télégraphes; inutile de dire qu'elle était beaucoup plus élevée.

5º **D'Oo au plan d'Astos au pied de la montagne d'Oo,** 45 m.

Large vallée, mais profondément encaissée, d'un caractère assez uniforme. C'est le vallon d'Astos. Quand on arrive aux granges d'Astos, on reconnaît sans peine l'emplacement d'un ancien lac maintenant comblé. On voit aussi le résultat de grands éboulements de roches latérales. C'est en petit le chaos de Gavarnie; et l'on voit là aussi la principale cause du comblement du lac.

LÉGENDE.

Près de ces cabanes existait encore naguère une chapelle à la Vierge, objet d'une vénération profonde dans le pays et qu'une avalanche a malheureusement détruite. Là se rendaient à certaines époques de l'année tous les habitants du voisinage, et c'est là que saint Aventin manifesta pour la première fois la puissance qu'il devait à sa sainte vie.

Natif de Vénasque, *Mounségnu dé sant Abanti*, était pâtre de la commune d'Oo et gardait son troupeau dans le pâturage d'Astos, lorsqu'un jour de grande dévotion apparut un ours énorme qui jeta l'effroi parmi les personnes rassemblées devant la chapelle. Saint Aventin, seul, ne s'effraya pas et attendit l'animal de pied ferme. Celui-ci ralentit sa marche à mesure qu'il s'approcha du saint, finit par le regarder d'un air caressant et vint lui tendre une patte que le saint vit toute saignante et percée d'une longue épine. Il la retira. Aussitôt l'ours s'éloigna, mais lentement, respectant le pâtre bienfaisant, son beau troupeau et les habitants du vallon.

6° Du plan d'Astos au lac, 45 m.

Belles cataractes; beaux précipices à voir; nul danger à courir, le chemin est réparé chaque année. Au haut de cette rude montée, remarquez les grandes roches latérales qui sont à votre gauche. Vous distinguez sur ces roches de grandes surfaces polies, striées et sillonnées horizontalement. Ces roches *polies et striées* constatent de la manière la plus positive qu'il fut un temps, peu ancien dans la vie du globe, où le glacier du port d'Oo, que vous allez revoir tout à l'heure, relégué dans un petit espace au sommet de la montagne qui domine le lac, occupait la vallée tout entière qui ne formait alors qu'un immense glacier s'étendant jusqu'à Luchon, jusqu'à Cierp, jusqu'à Montrejeau, où vous pourriez voir des traces irrécusables de la présence et de l'ancienne extension des glaciers. Mais je ne puis ici développer une telle question, une des plus curieuses de la géologie; je suis forcé de vous renvoyer à mon *Manuel de géologie*, ou mieux encore à mes *Bains et courses de Luchon*, courses de Garen, du port de Vénasque, de la Maladetta, etc.

Vous entendez le bruit de la cascade, vous en voyez le sommet écumant qui apparaît dans le cœur de la montagne... la voilà tout entière, et à vos pieds ce lac célèbre de Séculéjo. La première impression est un saisissement profond. Mais aussitôt vous vous récriez contre la petite étendue du lac et contre la faible hauteur de la cascade ; néanmoins vous êtes de nouveau plongé dans l'admiration de ce magnifique ensemble d'écume, de bruit, de neige, d'azur, de monts noirs et de monts verdoyants.

Halte donc quelques instants pour laisser un libre cours aux premières émotions ; ce sont les plus vives...

Ensuite, prenez vos châles et vos manteaux pour aller à la cascade, et livrez vos chevaux au guide ou au fermier du lac ; assurez-vous que le bateau vous sera réservé ; et si le besoin de manger n'est pas encore trop vif, faites tout d'abord la traversée du lac et votre pélerinage au pied de la cascade. Au retour, vous déjeunerez ou vous goûterez en présence de ce tableau dont vous apprécierez mieux les détails et la magnificence. Alors le plaisir du repas sera doublé par une sorte d'enthousiasme qu'inspire sans peine une aussi belle nature, et qu'est impuissant à produire le plus grand luxe de nos tables, si souvent entaché d'égoïsme et d'orgueil.

Il est indispensable d'aller au pied de la cascade pour la juger, pour la connaître ; vous le devez comme une réparation de l'outrage commis envers elle dans votre pensée, lorsque vous l'avez jugée moins volumineuse et moins haute que ne l'annonçait sa réputation.

Vous devez aussi traverser le lac pour en apprécier la véritable étendue. Par là vous apprendrez à rectifier une illusion de vos yeux qui, en présence de ces masses énormes de montagnes, ne savent plus évaluer ni les hauteurs, ni les largeurs, ni les surfaces, ni les distances. La traversée du lac et la course au pied de la cascade me paraissent si indispensables, que si, par une raison quelconque, vous n'accomplissez pas toute votre tâche une première fois, vous ne devrez pas hésiter à refaire la course du lac.

A mon avis, celui qui s'arrête à la cabane du fermier, n'a vu que la plus faible moitié de ce qui est à voir. D'ailleurs cette traversée du lac en bateau est charmante et n'offre aucun danger ; le bateau est d'une construction telle, qu'il ne saurait sombrer sans de puissants efforts réunis dans ce but. — N'oubliez pas d'emporter vos châles et vos manteaux.

7° **Traversée du Lac, 15 m.**

On ne peut traverser ce beau lac de Séculéjo, sans faire plusieurs questions sur sa profondeur, sur sa température, etc., etc. Je suis en mesure, cher lecteur, de satisfaire à cet égard toute votre curiosité ; car j'ai précisément fait dans ce lac un grand nombre d'expériences très-solennelles, et qui donnèrent de curieux résultats, grâce aux moyens que mirent à ma disposition M. Barennes, alors préfet de la Haute-Garonne, et M. Azemar, maire de Luchon.

Au nombre de 14 témoins ou coopérateurs, nous passâmes deux jours entiers et une nuit, les 21 et 22 septembre 1831, incessamment occupés à ces expériences. Nous reconnûmes :

Que la profondeur du lac est de 75 mètres (230 pieds) et qu'elle tend à diminuer d'année en année;

Que la température varie à toutes les profondeurs : elle était de 7° au fond du lac, de 9° à la moitié de sa profondeur (38 mètres) et de 11°5 à la surface, la température de l'air étant à 14°;

Que l'eau de la cascade établit son courant dans le fond et nullement à la surface;

Que la cascade, en y comprenant le torrent supérieur et le tas de débris qui, depuis quelques années seulement, l'empêche de précipiter ses eaux dans le lac, était de 210 mètres environ (954 pieds), hauteur qui tend aussi à diminuer de jour en jour;

Nous reconnûmes que le fond du lac est horizontal, et nous pûmes évaluer la profondeur de la partie déjà comblée;

Enfin, nous fîmes sur la nature minérale du fond, sur la haute pression de l'eau et sur sa nature au fond du bassin, des expériences d'un véritable intérêt, auxquelles il serait, je crois, utile et curieux de soumettre les autres lacs et les bassins les plus remarquables.

Voyez dans mes *Expériences faites au lac d'Oo* le détail et la manœuvre de toutes ces expériences, dont je ne puis retracer ici que les principaux résultats, mais qu'il sera facile à tout le monde de répéter dans tout autre lac.

8° **Du bord du lac au pied de la cascade, 15 m.**

Allez jusqu'au pied de la cascade; à chaque pas elle vous paraîtra changer d'aspect. Arrêtez-vous souvent pour la contempler et pour l'écouter mugir, et lorsque vous serez près d'entrer dans le nuage humide que forment ses vapeurs glacées, vous rétracterez, je l'espère, votre première protestation.

C'est le cas d'emporter un souvenir de votre intrépide promenade. Vous le trouverez sans peine à vos pieds. Prenez un fragment de cette roche argentée dont les débris gisent partout entre le lac et la cascade. C'est tantôt *l'hyalomicte*, tantôt *l'hyalotalicte argentin*, gras au toucher, doux et brillant à la vue, l'une des belles roches de nos Pyrénées. Peut-être, préférerez-vous ces *tourmalines* noires disséminées dans un granit blanc à gros grains? Il y en a de très-belles; et la tourmaline est une véritable pierre précieuse, dont on ferait notamment de jolies poires ou olives pour boucles d'oreilles, si ces formes étaient encore portées.

Retour à la cabane du fermier, 30 m.

Déjeuner ou goûter, 30 m.

Après le déjeuner promenez-vous encore sur les bords du lac à droite et à gauche; que votre esprit se remplisse de tout ce qui concourt à former cet inimaginable tableau. Si le soleil laisse dans l'ombre les eaux du lac, vous le verrez sous un tout autre aspect... Tel le préfère dans l'ombre et sous un ciel nuageux, tel autre aime à le voir éclairé par une vive lumière. Quant à moi, j'ai toujours éprouvé plus de plaisir à le voir privé des rayons solaires ; mais il est plus magnifique encore par une belle nuit, lorsque la lune éclaire la moitié du lac et que dans l'autre moitié mille étoiles scintillent vivement, comme troublées par les mugissements de la cascade.

Retour. — Vous avez contemplé, vous avez admiré ce lac aux eaux bleues et blanches et la cascade qui l'alimente, les montagnes sombres qui l'entourent, les monts glacés qui le dominent, le bruit et le silence qui le couvrent ; votre âme est pleine de grandes et pieuses pensées ; vous voulez quitter ces lieux dans un recueillement profond... Mais voici l'instant le moins poétique, selon Rabelais... Il faut payer... Affreuse fatalité qui nous poursuit partout, qui se montre à tous les moments de la vie, comme pour détruire, aussitôt que formées, ces douces illusions auxquelles se plaisent tant et le cœur et l'esprit ! Et toutefois nul ne l'ignore, l'autel, le trône, le banc du ministre, la chaire du savant, le siége du juge, l'étude du procureur, le poste du soldat... jusqu'à la loge du portier ne sont occupés que moyennant salaire, comme le bureau du voiturier, le comptoir du marchand, la caisse du banquier, ou l'atelier de l'industriel. Mais qui eût pu prévoir que jusqu'au sein des montagnes, presque dans les entrailles du sol, dans ce profond bassin de Séculéjo se trouverait aussi la cabane du fermier pour prélever impôt sur l'admiration de la nature ?... O sublime invention du 19e siècle ! Je me trompe, même en ceci nous sommes devancés : Caron, le vieux Caron nous reprend cette palme... Sous un tel précédent inclinons tout murmure. Payons au batelier ses *droits*, si longue qu'en soit la liste, et sauvons-nous, pour n'avoir rien à débattre avec un tel officier.

Et d'ailleurs, on ne gagne rien à lui disputer son butin. Chaque année, quelques personnes, d'un caractère moins souple que celui du commun des baigneurs, essayent de lui refuser ses *droits*, et pour le convaincre lui développent de belles théories basées sur les plus grands principes de l'économie politique, de la Charte, du Code civil, etc. Sourd, et pour bien des raisons, à toutes ces démonstrations, le fermier suit ou fait suivre jusqu'à la ville les visiteurs insoumis et les assigne devant le juge de paix de Luchon, lequel condamne toujours le réfractaire à payer au fermier, outre ses *droits*, sa course et les frais du procès. — C'est que si, dans l'intérêt des étrangers, il a été statué qu'une barque, des provisions, un abri, des secours seraient constamment tenus au lac d'Oo à la disposition des visiteurs, il a bien fallu assurer à l'entrepreneur le juste dédommagement de son séjour au lac, de ses avances, de ses peines et de ses soins. Or, s'il arrivait que personne ne voulût user de la barque ni toucher aux provisions du fermier, il en serait pour les frais de sa cabane, de son bateau, etc. En imposant à tous les visiteurs une modique redevance pour la seule vue du bassin, on a sagement assuré un service nécessaire en ce lieu, bien qu'il soit libre à chacun de ne pas le mettre à profit ; au reste, c'est un ancien arrêté du préfet de la Haute-Garonne qui autorise et règle cette perception.

DEUXIÈME COURSE.

VALLÉE DU LIS.

Petite course de vallée, 6 à 7 heures. — On peut la faire en 3 à 4 heures, si l'on veut galoper toujours et renoncer à voir les détails et les curiosités de cette course.

Départ. — Un jour brumeux suffit pour cette course, quoiqu'on doive perdre alors le bel aspect des glaciers de Crabioules ; on les reverra dans quelqu'autre course. Il suffit de partir à onze heures ou même à midi, sans autre précaution qu'une bonne chaussure.

La vallée du Lis aussi bien que les gorges et les vallons qui en dépendent offrent ensemble un caractère spécial que rien n'égale dans le reste des Pyrénées : c'est le *très-grand nombre de cascades* qu'on y rencontre sur tous les points. Or, au milieu des montagnes, rien ne se présente plus animé, plus vivant qu'une cascade. Les consacrer au souvenir de ceux qui ont quelque page acquise dans l'histoire de la localité ou dans celle de la chaîne entière, c'est remplir le devoir le plus simple, le plus sacré, celui de la reconnaissance ; c'est élever aux hommes qui les ont mérités des monuments gracieux, durables, dont la nature fait tous les frais, les seuls que puisse se permettre le pauvre habitant des montagnes. J'ai donc voulu simplement me faire ici l'interprète de la pensée des Luchonnais en consacrant les cascades de la vallée du Lis aux hommes qui ont le plus illustré les Pyrénées et particulièrement à ceux qui ont le plus contribué à accréditer les thermes de Luchon.

Peu de villes ont, comme Toulouse, une grande salle des hommes illustres au Capitole. Peu de bains auront une galerie de cascades illustres aussi riche que celle de Luchon dans les gorges et les vallons du Lis.

MARCHE. — 1° **De Luchon à Castelviel**, 45 m.

2° **De Castelviel à la cascade Barié**, 30 m.

On traverse le pont de la Padet; bientôt après, le pont d'Arrâbi, et l'on prend à droite. C'est l'entrée de la *vallée du Lis,* ainsi nommée parce qu'au printemps les prés y sont couverts de lis (*Lis Martagon*, belle plante de nos montagnes).

Grandes avalanches. — Silhouette pittoresque des montagnes de Vénasque dominées par *la pique* que l'on distingue mieux de ce point et que l'on voit en effet comme une grande pique, déchirant les nuages et néanmoins impuissante à préserver ces monts des orages et des frimas.

Cascade Viguerie. — Bientôt devant vous se montre un ravin sombre et touffu d'où l'on voit s'échapper une belle cascade que j'appellerai *cascade Viguerie*. Ce nom, dont s'honorent également, surtout dans la Haute-Garonne, la médecine, l'administration et la finance, justifiera, j'espère, cette consécration. Puisse-t-elle rappeler toujours aux Luchonnais et aux baigneurs eux-mêmes un des hommes qui ont le plus contribué à accréditer les sources de Luchon et à vaincre par elles de cruelles douleurs! La cascade Viguerie descend des *vignes de Boneou* (*vigne* veut dire *montagne* comme dans *vigne-mâle*.)

Cascade Barié. — Quelques pas plus loin on aperçoit le pont qui conduit aux prés et gorges de Boneou. Rapprochez-vous et voyez sous ce pont un gouffre et une cataracte des plus remarquables. C'est la *cascade Barié*, encaissée par des roches que l'eau a polies sous des formes étranges. Le nom de Barié doit se conserver à Luchon : deux réputations, celle du père et celle du fils, depuis longtemps inspecteur des eaux, ne sont pas le seul titre à cette distinction.

3º **De la cascade Barié à la cabane du Lis, 1 h.**

On reprend le chemin du Lis, et l'on admire tout autour de soi ces beaux arbres, hêtres, frênes et tilleuls reposant sur de gros blocs de roches. Ces roches elles-mêmes sont très-remarquables ; les unes semblent sculptées en dentelles, d'autres paraissent tricotées à gros points, d'autres enfin sont entièrement compactes et d'une dureté excessive. Ce sont autant de variétés d'*eurite*.

Mais comment ces arbres ont-ils pris naissance? comment se sont-ils développés sur ces roches nues et impénétrables? C'est une question que chacun s'adresse et qui est souvent restée sans réponse. Voici l'explication qui me paraît la plus simple. Admettez que les roches qui portent ces arbres se trouvaient autrefois enfouies dans la terre végétale. Nés de graines à la surface de ce sol si fécond, les arbres ne purent pousser leurs racines sans rencontrer bientôt ces blocs d'eurite. Les racines durent en suivre les contours, s'enfoncer encore au-dessous d'eux et enlacer ainsi ces quartiers de roche. Plus tard de grandes eaux sont venues enlever la terre végétale ; les blocs de roches furent donc mis à nu aussi bien que les racines qui les enveloppent. Mais ces racines qui pénètrent profondément au-dessous de ces blocs s'enlacent encore sur d'autres roches sous-jacentes, si bien que les plus grandes eaux seraient désormais impuissantes à abattre ces arbres. Pour les arracher il faudrait une force capable de déchirer et de rompre leurs racines, ou bien de soulever à la fois cinq ou six de ces énormes blocs. Or, ils sont engrenés tous ensemble et solidaires entre eux, comme ils le sont à l'égard de l'arbre qui les unit et qui les protége, lui aussi, contre la marche et l'active impulsion des torrents.

Au milieu de ces blocs et de ces arbres si étroitement unis se voient de grandes saillies de roche massive en place, c'est toujours de l'*eurite;* mais ce qu'il importe d'y remarquer ce sont ces surfaces polies et striées horizontalement qui se montrent le long du chemin : elles constatent l'action des glaciers qui remplissaient autrefois toute cette vallée aujourd'hui parée de verdure et de fleurs. C'est le même phénomène qu'on a déjà remarqué en arrivant au lac d'Oo. (V. p. 39.)

Cascade Richard. — A peine a-t-on dépassé ces arbres si étroitement unis aux rochers, que l'on voit, à gauche sur le gazon, un petit sentier jusqu'au torrent; il vous mène à la *cascade Richard,* autre cataracte se brisant avec rage au milieu d'un gouffre d'une horrible beauté. M. Richard est un artiste distingué qui a beaucoup exploré les vallées luchonnaises, et qui a découvert et peint le premier cette cascade; elle lui est, et à bon droit, dédiée depuis longtemps.

Après avoir admiré quelques instants les beaux mouvements de la cascade Richard, on reprend encore le chemin du Lis. La vallée s'ouvre aussitôt; on arrive aux cabanes du plan de Cazaux. Mais déjà l'esprit est absorbé par un spectacle magnifique : c'est la vue des monts glacés qui couronnent la vallée et dont l'immense cadre grandit encore à chaque nouveau pas que l'on fait. Rien n'est plus saisissant que la vue de ces grandes montagnes livrées à la mort des frimas éternels. Il est vraiment à plaindre, je le répète, celui qui, en présence d'une telle manifestation de la puissance divine, ne se sent nullement ému et ne revient pas à l'humble pensée de sa faiblesse.

Reconnaissez les principales têtes de ce magnifique tableau, toujours de gauche à droite : la tus de Maupas (pic du mauvais pas), les pics, les crêtes et les glaciers de Crabioules, et le pic Quairat derrière lequel se cachent les montagnes du port d'Oo.

Un peu plus loin on voit à droite un éboulement considérable de gros quartiers de roches. C'est le *chaos du Lis*, fort peu de chose à côté du célèbre chaos de Gavarnie.

Lorsque vous arrivez au centre de la vallée, faites une petite halte pour admirer dans tout son ensemble cette belle verdure, ces riches prairies, l'effet toujours plus beau des glaciers de Crabioules, enfin tout ce cirque de roches abruptes qui n'a pour issue que la *porte d'Enfer*, et qui ne fut longtemps peuplé que par les pins et les sapins, ces habitants séculaires des lieux les plus sauvages et les plus glacés.

Ici vos chevaux vous entraînent presque malgré vous à la *cabane du Lis*, à ce chalet de création moderne où ils ont promptement contracté l'habitude de prendre une petite ration d'avoine, et où le voyageur trouve aussi du lait excellent, des fraises, et un assez bon assortiment de vins et autres éléments de vie.

Vous n'aurez que l'embarras du choix; mais ne vous oubliez pas trop longtemps dans cette salle peu ravissante : tel n'est pas le but du voyage.

Vous avez à voir maintenant les plus belles eaux et leurs effets les plus rares.

De la cabane à la cascade d'Enfer, 15 m.

Entendez-vous mugir de toutes parts les cascades et les torrents? Prenez garde, vous êtes dans le vestibule du trône de Pluton. Inspirez-vous d'un souvenir de Proserpine ou d'Énée et marchez droit à la cascade d'Enfer. A ses côtés deux cascades aériennes ont déjà fixé vos regards : ce sont les ombres de Dietrich et de Palassou, les minéralogistes pyrénéens qui eurent avec Pluton les relations les plus intimes.

Cascade Palassou. — Qu'elle soit dédiée à ce pyrénéen célèbre, qui fut longtemps le patriarche des minéralogistes français, cette jolie cascade filiforme que vous voyez à gauche s'accrocher à la roche comme le mineur à son filon! Palassou, le marteau à la main, a exploré la chaîne entière des Pyrénées, il en a suivi toutes les couches, mesurant leurs directions et leurs inclinaisons, et il a signalé des faits importants, notamment une roche qui porte encore son nom (ophite de Palassou). Or, cette ophite est par excellence la roche plutonique de nos montagnes, celle qui dans toute la chaîne remplace les basaltes et la lave des volcans. Palassou a composé plusieurs volumes de mémoires sur les Pyrénées; il habitait Ogenne, canton de Navarrenx, dans le Béarn; il y est mort le 28 mai 1830, à l'âge de quatre-vingt-cinq ans.

Cascade Dietrich. — A droite, vous voyez une cascade également filiforme, également accrochée aux sinuosités de la roche. N'est-ce pas l'âme de Dietrich, toujours en peine de découvrir quelque nouveau filon ou la trace de quelque métal précieux? Dietrich, qui est entré dans toutes les galeries, dans toutes les petites fouilles dont la chaîne est partout criblée, a fait, sur les mines des Pyrénées, le travail le plus complet, le plus énorme qui soit connu. Il a signalé et décrit trois ou quatre cents mines au moins dans nos montagnes; beaucoup trop sans doute, mais qui n'en condamnent pas moins de toute la force d'une puissante voix l'oubli presque complet dans lequel on laisse les mines de toute espèce dont la nature a pris soin de doter notre chaîne.

On a dit souvent que les essais d'exploitation avaient tous échoué dans les Pyrénées, que décidément ces montagnes ne recèlent que des filons insuffisants; c'est là une double et profonde erreur. La preuve que tous les essais n'ont pas échoué dans nos montagnes, c'est qu'on retrouve encore sur plusieurs points de grands travaux, de longues galeries qui constatent d'anciennes exploitations faites sans nul doute avec avantage, puisqu'on les a si longtemps soutenues. Pourquoi donc les travaux plus récents sont-ils restés sans résultat? Pourquoi? La raison en est facile à donner. Les tentatives faites depuis cinquante ans environ ont toutes péché par deux bases très-importantes. La plupart des exploitants n'avaient pour tenter la fortune que de trop faibles avances qu'ils épuisaient avant d'avoir atteint le cœur de leur filon. Et, en outre, comment leurs travaux ont-ils été conduits? De la manière la plus pitoyable, et presque toujours sous la direction d'un simple piqueur, venu des ateliers d'Allemagne ou du Piémont, et accepté chez nous comme maître mineur, directeur, ingénieur, chimiste, géologue, etc. De là mille fautes qui étaient commises : travaux ouverts sur des points mal choisis, direction de ces travaux toute contraire à celle qu'il eût été rationnel de leur donner, éboulements, dégradations résultant d'imprévoyances grossières, constructions et machines impropres, produits accessoires utilisables rejetés par ignorance dans les déblais et qui devaient précisément former le bénéfice net de l'entreprise, etc.,... sans parler de dilapidations souvent inévitables de la part de gens sans nom et sans crédit. Les opérations de mines ne sont jamais de minces affaires : c'est les compromettre gravement, c'est risquer toute une fortune que de ne pas s'entourer, avant de les entreprendre et pendant tout le cours des travaux, des lumières que peuvent fournir les hommes les plus spéciaux et les plus capables.

Cascade d'Enfer. — Nous voici à la porte d'Enfer. Descendez au pied de la cascade dont vous avez remarqué de loin les trois étages resserrés dans ce noir conduit qu'elle s'est verticalement creusé. Descendez, vous apprécierez mieux les détails qui se rattachent à cette belle cascade, si parfaitement dénommée la *cascade d'Enfer*.

5° De la cascade d'Enfer à la cascade du Cœur, 15 m.

Cascade du Cœur. — Traversez à gué le torrent et allez jusqu'au pied du ravin qui s'ouvre sur la rive droite du Lis. Là, dans un site beaucoup moins affreux, embelli d'arbres et de fleurs, vous admirez une cascade encore plus belle, la *cascade du Cœur*.

Maintenant pour achever la visite de ce grand *Musée des cascades illustres* de la vallée du Lis, il faudrait parcourir tout ce vaste cirque de montagnes glacées qui dominent les cascades du Cœur et d'Enfer. Vous verriez successivement les cascades *Latour, Dieu-la-Foi, Dralet, Moquin, Lapeyrouse, Ramond, Etigny, Reboul, Cordier, Charpentier, Boileau, Ducasse, Azemar, Fontanges, Solage, François* et *Fontan*. Mais c'est là un rude pèlerinage, qui exige une grande journée, des préparatifs spéciaux et de bonnes jambes.

Si vous ne pouvez entreprendre cette course, l'une des plus magnifiques qui se puissent faire dans les Pyrénées, vous la lirez du moins avec intérêt dans mes *Bains et courses* de Luchon, où j'ai donné les motifs particuliers de la consécration de chacune de ces cascades à celui de nos Pyrénéens célèbres dont elle doit perpétuer le souvenir.

Retour. — Après avoir reconnu les curiosités les plus remarquables du Cirque et de la vallée du Lis, il n'y a plus qu'à songer au retour.

Pour rentrer à Luchon, (à moins de monter par Super-Bagnères, voyez cette course), il faut reprendre la même route. N'ayant plus à s'arrêter, on lance les chevaux et l'on peut arriver en moins de deux heures.

TROISIÈME COURSE.

PORT DE VÉNASQUE.

Grande course de sommets, 10 à 12 heures.

Départ. — A cheval à six heures du matin ou à sept heures au plus tard ; à huit heures il n'est plus temps, si l'on tient à voir quelque chose, à prendre et à conserver quelques impressions de ces grandes et magnifiques courses aux sommets des montagnes qu'on ne refera peut-être jamais, et l'on doit choisir un autre point. — Vous avez dû commander la veille vos provisions pour le déjeuner. Le guide, qui doit vous fournir des sacoches pour les emporter, les disposera sur les chevaux. — Les cavaliers doivent emporter des verres, du sucre, du rhum, pour faire des glaces au port de la Picade : les dames accueilleront certainement de leur plus gracieux sourire cette bonne attention. — Le guide doit être toujours attentif, dans cette course, à porter secours aux dames et même aux messieurs. Lunette, souliers de montagnes, on peut s'en passer ; mais *un ciel pur, un soleil ardent,* pour doubler l'effet des glaciers, sont absolument *indispen-*

sables. Faire cette course par un temps nuageux, c'est s'imposer une dure fatigue sans en recueillir les fruits : c'est subir toute la peine et renoncer au plaisir.

Fera-t-il beau? — Il est facile à Luchon de prévoir dès le matin, mais toutefois *après le soleil levé*, si l'on peut compter sur un beau jour. Regardez, du bout de l'allée des Bains, les montagnes du port de Vénasque. Leurs aiguilles nues se détachent-elles nettement sur un ciel d'azur? c'est signe d'une belle journée. Voyez-vous, au contraire, des nuages, même de simples brouillards envelopper ces pointes rocheuses? vous trouverez presque toujours les mêmes voiles devant les magnifiques tableaux que recèlent le port de Vénasque et celui de la Picade; alors je vous conseille de choisir une autre course. Mais faut-il s'effrayer tout autant des brouillards et des nuages qui se montreraient à un niveau moins élevé que les aiguilles du port? Non; si celles-ci sont libres et nues, partez sans crainte.

MARCHE. — **De Luchon à la tour Castelviel, 40 m.**

Avant d'arriver en face de la tour de Castelviel, non loin du poste de douane, on trouve les débris d'une petite chapelle dite de Bagnartigues, consacrée à la Vierge. Elle fut détruite pendant les désordres de 89.

HISTOIRE TRAGIQUE.

Trente pas plus loin se voit un jeune tilleul, rejeton d'un gros arbre, qui servit à une scène tragique. — Le jeune Sàvi était très-beau; il aimait une de ses voisines et en était aimé. Ils s'étaient juré depuis longtemps un éternel amour, lorsque les parents du jeune homme s'opposèrent à leur union. La belle Thérèse fut forcée d'accepter un autre mari. Malgré le mariage de la jeune fille, Thérèse et Sàvi ne cessèrent point de s'aimer. Le mari s'en aperçut ou en fut prévenu par des jaloux. Furieux, il résolut la mort du jeune homme; il alla l'attendre, caché dans les rameaux de ce tilleul, dont le tronc s'avançait suspendu sur la route. Le jeune Sàvi revenait de sa grange de Labach, entouré de faucheurs et de faucheuses qui chantaient tous ensemble des airs gais et bruyants. Au moment où la troupe joyeuse passe sous le tilleul, une affreuse détonation se fait entendre; le jeune Sàvi tombe roide mort. Ses camarades effrayés se dispersent..... Ils virent une ombre sortir de l'arbre et s'enfuir vers l'Espagne..... Le soir, on chercha vainement le mari de Thérèse; il ne reparut plus.

LES CINQ FORTS DE LUCHON.

Nous voici en face du petit mont de Castelviel, témoin jadis de scènes guerrières. L'énorme tour qui s'y trouve aujourd'hui n'était pas seule à l'époque où les comtes de Comminges étaient les souverains du pays. Le point qu'il domine est entre les deux routes qui conduisent à droite vers la province d'Aragon, à gauche vers celle de Catalogne. Ce passage était donc important à une époque où les peuples des deux frontières se faisaient avec acharnement une guerre de brigandage. Il importait qu'il fût bien défendu, et l'on établit une couronne de petits forts pour commander le nœud de ces deux routes. Il y avait cinq forts : l'un, le plus reculé vers Saint-Mamet, sur un mamelon, au bord de la Pique, s'appelait *Casteret* (petit château);

on en voit encore les ruines, et le propriétaire du sol arrache souvent dans le champ des pierres de ses fondations : deux autres, sur deux pics, à gauche de la route de Catalogne, étaient nommés l'un *Castel-Long*, l'autre *Castel-Per* (château long, château vert); le quatrième, posé sur le mamelon le plus éloigné à droite de la même route, s'appelait *Castel-Gaillard*; le cinquième était la tour de *Castel-Viel*, restée seule debout.

Cher lecteur, je vous donne cette histoire comme je l'ai reçue. N'étaient les concessions qu'il faut bien faire parfois aux sciences historiques, je ne verrais dans cette prodigieuse quantité de blocs accumulés sur ce point, comme à Garen, qu'une ancienne moraine démantelée, et j'aurais bon nombre d'observations à produire à l'appui de cette opinion; mais pour cette ois je me tais et vous abandonne les *forts détachés* de Luchon.

Cette tour fait évidemment partie de ce grand système de signaux qui furent établis par les Maures dans presque toutes les Pyrénées. Selon ma conviction, elle n'a pu jamais avoir d'autre destination sérieuse.

2º De la tour à l'entrée de la forêt, 50 m.

Au pont de Charrugues, on trouve plusieurs cataractes gracieuses; au-dessus du pont, on découvre subitement et très-distinctement les montagnes du port de la Glère et du port des Staouas qu'on ne peut s'empêcher d'admirer.

3° De l'entrée de la forêt à l'Hospice, 30 m.

Beaux hêtres très-élancés, beaux sapins. Cette forêt est magnifique.

On fera bien, en allant, de passer par le vieux chemin et de revenir par la nouvelle route. On aurait à voir dans l'ancienne route les effets d'une belle avalanche. Des arbres déracinés, cassés, brisés, tordus et jetés sur le sol pêle-mêle avec des débris de roches et des blocs roulés forment une longue traînée; de l'autre côté de la vallée on voit l'effet du bond de l'avalanche.

A l'Hospice, rien à voir, si ce n'est tout au plus quelques travaux commencés sur une mine de plomb argentifère. — L'Hospice par lui-même n'offre aucune curiosité. C'est un asile, c'est un refuge parfois très-utile, mais dont il vaut beaucoup mieux pouvoir se passer.

4° De l'Hospice aux cinq lacs, 1 h. 3/4.

Longue et rude gorge, où il faut se résigner à monter au pas pendant deux heures en suivant jusqu'au dernier des zigzags tracés pour les chevaux. Quand on est nombreux, rien n'est plus amusant que les formes que donnent à la caravane ces inévitables zigzags. On peut rester à cheval jusqu'au sommet du port, mais pour peu que l'on aime à marcher, il vaut mieux mettre pied à terre, du moins par intervalles.

Rien jusqu'aux cinq lacs, qui, vus d'un peu haut, forment ensemble un groupe très-pittoresque. Le plus grand de ces lacs est d'un bleu presque noir; le ciel et les montagnes s'y réfléchissent d'une manière admirable. Quelquefois on déjeune auprès de ces lacs. Il est beaucoup mieux d'attendre jusqu'au port pour déjeuner en présence de la Maladetta et sous le beau ciel d'Espagne.

5° Des cinq lacs au port, 30 m.

Plus pénible et plus difficile, cette dernière montée est cependant moins maussade. Des aspects plus variés, des neiges permanentes, des montagnes plus déchirées et plus distinctes, une nature plus sauvage, enfin l'espoir d'atteindre bientôt le but de cette pénible course, tout contribue à rendre plus supportable la fatigue de ce dernier relais.

Voyez à chaque pas des roches polies et striées. Elles attestent l'existence d'anciens glaciers qui couvrirent jadis toute la montagne, et dont il ne reste aujourd'hui que quelques lambeaux de neige immobiles et impuissants.

Voici le port; un pas de plus, voilà l'Espagne..... Voilà le mont maudit, la superbe *Maladetta* et son magnifique glacier! Voyez ce beau massif de roches et de glaces, et cette forêt qui tombe en ruines, forêt vierge que l'homme n'a pu dévaster encore, mais que les frimas désolent!... Loin de moi la pensée de vous décrire un pareil tableau. Pour le spectateur qui a la nature sous les yeux, toute description est faible, très-souvent ridicule.

Que chacun laisse un instant son esprit et son cœur

se livrer à l'admiration d'une telle nature! C'est ici le plus beau spectacle qui soit à voir dans nos montagnes. C'est la première entre les merveilles des Pyrénées!..
....

Mais il y en a qui resteront impassibles devant ce tableau, qui lui consacreront à peine un regard, qui n'y trouveront pas l'objet d'une pensée!...
C'est ce qui me surpasse, toutes les fois que j'en suis témoin, qu'il puisse se trouver quelques personnes, non-seulement parmi les dames, mais même parmi les jeunes hommes aux plus belles manières, qui abordent et quittent avec insouciance ces lieux, scènes d'une admirable magnificence, où la nature parle un langage si élevé, si sublime! A se comporter ainsi n'y a-t-il pas sacrilége, scandale, aveu d'égoïsme et de manque de cœur?.... Du reste, remarquez-le bien, soit parmi les hommes, soit parmi les femmes, ce seront les personnes les plus occupées d'elles-mêmes, les plus esclaves de la coquetterie, qui, en présence de ces grandes manifestations du pouvoir sublime de Dieu, n'éprouveront aucune émotion, n'exprimeront aucune admiration... et qui, toujours dominées par les sensations matérielles, se retourneront aussitôt, réclamant à grands cris... les vivres, le déjeuner... Mais le prophète l'avait dès longtemps annoncé :... « Ils ont des pieds et ils ne marcheront pas; ils ont des oreilles et ils n'entendront pas; ils ont des yeux et ils ne verront pas. » Pour moi, d'un tel homme je ne ferai jamais mon ami, d'une telle femme je ne ferai jamais ma compagne.

Et toutefois l'enthousiasme doit avoir aussi son terme, et il faut bien se rendre aux exigences matérielles de notre malheureuse nature.

Rejoignons le guide qui descend avec les provisions, quelques pas plus loin, pour disposer le déjeuner auprès de la fontaine.

Halte pour le déjeuner, 1 h.

Tout en déjeunant et sans disconvenir que ce soit une bonne chose à une telle heure et à une telle hauteur (7,460 pieds ou 2,480 mètres au-dessus du niveau de la mer), examinez et admirez dans tous ses détails, dans sa couleur vitreuse, dans ses larges crevasses, dans ses formes convexes et formidables, ce magnifique glacier, le plus vaste et le plus dangereux qui soit aux Pyrénées.

Ce serait ici la meilleure occasion pour étudier et bien comprendre la théorie géologique des glaciers, théorie d'un haut intérêt à laquelle se rattachent les plus grandes questions relatives aux *dépôts diluviens*, aux *blocs erratiques*, etc.; mais j'ai promis aux lecteurs de ce *Précis* de leur faire grâce de toute digression par trop scientifique. Je suis donc forcé de renvoyer à mes *Bains et courses de Luchon* ceux qu'intéresserait cette question des glaciers et des roches polies, et de m'en tenir à raconter ici l'histoire émouvante d'un *chapelet* découvert il y a quelques années par M. Lézat au port de Vénasque.

UNE RELIGIEUSE MORTE AU PORT DE VÉNASQUE.

M. Lézat, l'auteur de ce magnifique relief de la

chaîne centrale des Pyrénées, que tout le monde a pu voir à Luchon, et qui l'emporte d'une manière si plausible sur tout ce qui a été fait jusqu'ici dans ce genre, consacra dix ans à son œuvre, dix ans dont il a passé les beaux jours à gravir et à explorer, seul avec son guide, les glaciers et les points les moins accessibles. Ajoutons que l'habile et intrépide géomètre a su se rendre ce genre de vie plus supportable en associant l'étude de la botanique à ses rudes travaux.

Parti le 20 juillet 1849 pour explorer le port de Vénasque, M. Lézat se dirigea vers les crêtes qui entourent cette brèche célèbre, ouverte entre la France et l'Espagne. La plus remarquable de ces crêtes est le *Pic de Sauvegarde*, ainsi nommée parce que, nettement détachée de tous les autres, elle sert de point de mire, de phare au voyageur perdu au milieu des neiges qui couvrent cette partie des Pyrénées pendant une grande partie de l'année.

En même temps qu'il gravissait cette roche gigantesque, il en explorait toutes les anfractuosités. Bientôt, ô bonheur! une plante nouvelle s'offre à lui; ses couleurs sont des plus brillantes et se dessinent en bleu d'azur sur le bord d'une petite grotte creusée à la partie inférieure d'un roc. Heureux, il s'approche pour recueillir cette plante nouvelle, lorsqu'à son grand étonnement sa main ne ramasse qu'un objet d'une tout autre nature : c'est un grand chapelet en verroterie bleue, monté sur du cuivre couvert d'une couche d'oxide (vert-de-gris), et portant deux croix, l'une tout en cuivre, l'autre en bois plaqué d'écaille, encadré de cuivre.

Au premier abord, il croit que ce chapelet avait été oublié par quelque berger espagnol; mais un examen attentif lui fait découvrir des fragments de batiste et des débris d'os qui ne lui permettent plus de douter que quelque victime est morte en ces lieux et a servi de proie aux bêtes féroces.

De retour à Luchon, M. Lézat raconte sa trouvaille; aussitôt les baigneurs se livrent à toutes sortes de commentaires; on veut d'abord savoir si le chapelet est espagnol ou français. M. de Vezins, évêque d'Agen, qui prenait les eaux à Luchon, reconnut qu'il était d'origine française et qu'il appartenait à l'ordre du Sacré-Cœur.

Déjà toute la ville était en émoi, lorsque Mme veuve Saccarrère, de Luchon, retrouvant d'anciens souvenirs, raconta un fait qui s'était passé chez son père, au château de Saint-Mamet, au milieu des troubles révolutionnaires. Elle n'avait alors que sept ans, mais M. Saccarrère lui avait rappelé depuis lors tant de fois les détails que nous allons relater (1), qu'ils étaient tous restés parfaitement gravés dans sa mémoire; et de plus, elle se rappelait très-bien qu'un jour la religieuse l'avait laissée jouer quelques instants avec son grand chapelet bleu, parfaitement semblable à celui que M. Lézat venait de découvrir au port de Vénasque.

C'était à la fin du mois de septembre 1792, mois si fatal à la France, mois de proscriptions et de massacres innombrables, dont le souvenir seul nous fait encore frémir. La France, sous le régime de la terreur, présentait de tous côtés un aspect de désolation. M. Saccarrère tenait cachés un proscrit et une jeune religieuse qu'il avait accueillis dans son château et qu'au péril de ses jours il gardait dans les appartements les plus reculés de son manoir. Pendant que, pleins de confiance dans le dévouement de leur généreux protecteur, les proscrits dormaient sur la foi de l'hospitalité, M. Saccarrère

(1) M. Desbarreaux Bernard a déjà publié cette histoire dans une petite brochure dont il a su rendre la lecture très-attachante, et à laquelle nous ferons nécessairement quelques emprunts.

écoutait attentivement les moindres bruits qui venaient du dehors. Tout à coup la cloche du château s'agite avec violence. M. Saccarrère bondit sur son siége, en un moment il est à la grille. Qui pouvait venir à cette heure? Venait-on déjà lui arracher les émigrés pour les livrer aux bourreaux? ou bien étaient-ce d'autres proscrits qui venaient implorer sa protection?

C'est agité par toutes ces émotions, qu'il traverse la cour, arrive à la grille, à travers laquelle il reconnaît bientôt son intime ami, M. Rey, maire de Luchon.

« — Quoi! c'est vous, mon ami, s'écrie-t-il; quel motif assez puissant vous fait courir les chemins à pareille heure et par un temps aussi glacial?

— Votre salut!

— Que voulez-vous dire?

— Vous êtes dénoncé comme cachant des suspects; dans quelques instants les agents révolutionnaires seront réunis pour visiter votre demeure; on m'a mis à leur tête pour diriger cette expédition. Il n'y avait pas un moment à perdre; grâce à la vitesse de mon cheval, j'ai pu prévenir et peut-être sauver mon ami. Je ne veux point savoir si vous avez donné l'hospitalité à quelques proscrits, je viens vous prévenir et vous dire, si les rapports sont exacts, de les faire partir au plus tôt. Adieu. Je dois être chez moi avant qu'on ait pu remarquer mon absence. »

A peine avait-il achevé ces mots, qu'il repartait au galop sur la route de Luchon, laissant M. Saccarrère anéanti, et, pendant un moment, dans l'impossibilité de rien entreprendre. Bientôt, rappelé à lui par une bise glaciale, il s'empresse de faire tous les préparatifs de départ. Les malheureux émigrés sont éveillés, deux domestiques fidèles (1) sont instruits de ces tristes

---

(1) Francès le Baroussais, mort il y a quelques années, et Jean Capdeville, encore vivant, qui ont confirmé tous les détails de ce récit.

événements et se chargent de guider la marche des fugitifs.

Enfin à minuit, après les adieux les plus touchants, les hôtes de Saint-Mamet quittaient l'asile qui les avait protégés pendant quelques jours et se dirigeaient, par un temps affreux, vers une terre plus hospitalière, accompagnés de leurs deux guides.

La nuit était obscure et il faisait un vent glacial; la route était excessivement pénible et alors, d'ailleurs, infiniment plus difficile que de nos jours.

Après quelques heures de marche, que rendait encore plus pénible l'obscurité de la nuit, la petite caravane parvint à la hauteur de cette maison hospitalière que l'on appelle à juste titre l'*Hospice*. Là, épuisée de fatigue, les pieds meurtris, ensanglantés, la religieuse, sentant ses forces défaillir, déclare ne pouvoir aller plus loin.

« — Y pensez-vous, s'écrie l'un des guides, ne savez-vous pas que cette demeure est occupée par des soldats, et que rester ici, ce serait vous exposer à une mort infaillible?

— D'ailleurs, ajoute son compagnon d'infortune, la frontière n'est plus qu'à quelques pas : encore un effort, et nous sommes sauvés. »

Ces paroles rendirent quelque énergie à la pauvre sœur qui, résolue de tenter encore un suprême effort, se souleva et parvint à grand'peine jusqu'au long sentier en zigzags qui serpente sur le flanc de la montagne. Là elle était si faible et si glacée, et la montée devint si pénible, qu'il fallut qu'un des guides la tirât par les mains, tandis que l'autre la poussait par derrière.

C'est au milieu de ces difficultés sans nombre, au milieu des souffrances les plus aiguës, rendues encore plus vives à chaque pas par les rochers qui déchiraient ses pieds déjà ensanglantés, que l'on parvint au sommet de la montagne.

A ce moment, les premières lueurs de l'aube vinrent éclairer vaguement l'Hospice espagnol au fond de la gorge qui s'étendait à leurs pieds : c'était la terre promise qui devait les recueillir et les soustraire aux poursuites de leurs persécuteurs. Pour atteindre cet asile tant désiré, ils n'ont plus qu'à descendre le sentier qui parcourt le flanc de la montagne jusqu'à l'Hospice; encore quelques efforts et ils vont toucher au port de salut qui les attend.

Mais les forces de la sœur l'abandonnaient; déjà ses membres glacés se roidissaient et ses traits se décomposaient. Brisée par les tortures physiques et morales, elle sentit que désormais la lutte serait impossible. Bientôt ses membres chancelèrent, le frisson parcourut tout son corps, ses dents claquèrent, et, n'ayant plus d'espoir qu'en Dieu, elle tomba sur un rocher en s'écriant :

« — Mon Dieu ! je me sens mourir. »

Tous les efforts des guides furent impuissants contre d'aussi profondes souffrances; et ce fut en vain que l'émigré, au désespoir, la supplia de faire encore un effort; rien ne put ranimer les forces de la malade. Pour comble d'infortune, un bruit confus se fit entendre au pied de la montagne, et bientôt le cliquetis des armes vint leur apprendre qu'il n'y avait pas un moment à perdre, car déjà la garde arrivait au port de Vénasque pour s'opposer au passage des proscrits. Peut-être les avait-on déjà aperçus; encore quelques minutes de retard, et c'en était fait d'eux. A cette vue, frappés de terreur, les guides et l'émigré tentent une dernière fois de ranimer le courage de leur malheureuse compagne; ils lui montrent l'Hospice au pied de la montagne; ils essayent de la soulever, de réveiller en elle quelque force, quelque énergie; mais tous leurs efforts sont inutiles, elle se laisse tomber sur le rocher et se confie à la Providence.

Les guides engagent l'émigré à abandonner cette infortunée et se sauvent eux-mêmes par un sentier qui tourne le port de Vénasque. Resté seul, le proscrit hésite un moment, enfin il s'écrie en fuyant :

« — Dieu veuille au moins vous soustraire à la brutalité des soldats! »

La sœur, électrisée par ces paroles, se lève en s'écriant :

« — Mon Dieu! donnez-moi la force de gravir ce pic où ils ne pourront me voir et où je mourrai plus près de vous ! »

Cette prière, dictée par la pudeur alarmée, fut exaucée; car bientôt la religieuse disparut aux yeux de ses compagnons qui, tout en courant dans des directions différentes, se retournèrent bien des fois pour lui jeter un dernier regard.

Quelques jours après, M. Saccarrère put revoir à Vénasque son protégé qui lui donna tous ces détails. Il revint au port pour découvrir la religieuse; mais toutes ses recherches furent vaines, et depuis longtemps on l'avait oubliée, lorsqu'en 1849, M. Lézat, en découvrant son chapelet, est venu indiquer la place où la sainte femme était morte de froid et de faim!!!

Retour. — Votre déjeuner est-il achevé? avez-vous bien vu, bien ressenti ce magnifique ensemble des monts Maudits? Songez bientôt au retour. On vous proposera de descendre jusqu'au *trou du Taureau;* je ne vous y engage pas. Il n'y a rien qui puisse satisfaire assez votre curiosité pour vous dédommager de deux heures et demie qu'il faudrait pour descendre et remonter au port de la Picade.

Du port de Vénasque, où vous êtes encore, le plus court pour rentrer à Luchon serait de prendre la même route ; mais quel touriste oserait se le permettre ? Passez par le *port de la Picade ;* à peine vous allongerez-vous d'une heure et vous aurez fait deux grandes et belles courses en un jour.

De la fontaine du déjeuner au port de la Picade, 1 h.

La Maladetta et sa vallée déserte (plan des Étangs) se montrent sous plusieurs aspects qui captivent l'attention sans la fatiguer jamais. Remarquez les bergers espagnols avec leur sale et magnifique veste en mouton. S'ils ont beaucoup à vous envier, ne leur envieriez-vous pas vous-même leur énorme santé, le bien le plus précieux ?

Attention! vous avez ici un mauvais pas, fort désagréable, surtout pour les dames; c'est *la Scalette* (petite échelle) que les guides pourraient bien se donner la peine d'arranger un peu : ce serait si facile!

Mettez pied à terre ; c'est une imprudence grave de rester à cheval.

7º Du port de la Picade au Pas de Ribessette, 45 m.

Vous êtes sur les limites de la France et de l'Espagne, et en même temps sur celles de l'Aragon et de la Catalogne. Vous rentrez tour à tour dans les deux ou trois royaumes au milieu des crêtes arides et déchirées qui les séparent. Faites à pied ce fragment de votre course; la marche ne fatigue point à ces grandes hauteurs; on est déchargé de la plus grande moitié de l'atmosphère, et l'on jouit du plaisir de courir les montagnes, de tout voir, de toucher à tout; car tout est digne de curiosité dans ces stations élevées. Il n'y a rien qui puisse se confondre avec ce que produisent les basses plaines que nous habitons. Les plus petites fleurs, les moindres herbes, les lichens, les insectes, les mouches même, tout, en un mot, ou à peu près tout, y présente, comme le sol lui-même, des formes particulières qui offrent à l'étude le plus haut intérêt. Vous goûterez l'eau de la fontaine ferrugineuse, elle est purgative. Vous remarquerez les anciens travaux d'escarpement (d'où le nom du port de la *Picade*, roche taillée à coups de pic,) qui remontent à la guerre d'Espagne. Vous verrez de plus près tous ces gouffres ouverts dans la roche calcaire. Enfin vous ferez *des glaces* pour les dames, en superposant dans vos verres plusieurs couches minces de neige et de sucre pilé, humectées de quelques gouttes de rhum.

Vous jouirez aussi plus librement des mille vues de montagne qui varient à chaque pas, et surtout de ce grand cirque de monts blancs et de monts noirs que forment autour de vous, par leur ensemble, le mille sommets qui surgissent de toutes parts. Voulez-vous reconnaître les principaux? Commençons par la *Pique* qui est tout près de nous, et qui de Luchon a tant de fois attiré nos regards, peut-être même excité notre envie. Nous la dominons en quelque sorte; quelques pas de plus, nous la foulerions sous nos pieds. Dans le lointain et sur la même direction, vous distinguez le *Monné*, et en suivant de gauche à droite, comme d'habitude, vous voyez le *Montespé* et les autres monts rocheux de la *Barousse, Bacanère* et dans le fond le *pic de Gard* aux sept pointes; ensuite le *pic d'Arros* dans la vallée d'Aran, et derrière lui les *montagnes de l'Arriége* que domine le *Mont-Vallier;* tout près de nous le *pic de la Picade*, asile privilégié de la perdrix blanche. Il nous cache plusieurs montagnes qui surgissent entre l'Aragon et la Catalogne jusqu'au *port de Vielle*, toujours neigeux; puis les *Négrons*, remarquables par leurs noires cavernes que surmonte un petit glacier; le *pic de Poumère*, formé de cristal de roche où se cache une espèce du genre tigre, le *lynx*, dont la race est presque perdue dans notre chaîne; la *pique Fourcanade*, l'une des plus belles montagnes des Pyrénées, riche de plusieurs filons précieux; la *tus de Bargas*, et derrière elle la *Maladetta;* enfin, à nos pieds, la *coume de Poumère*, ravin profond qui descend aux belles sources de la Garonne.

En quittant à regret ce panorama magnifique, on découvre à gauche le *lac de la Fraîche* sous les crêtes abruptes et déchirées de *la pique* et de la *tus de la Mine*. On voit distinctement la structure schisteuse de ce petit groupe de montagnes qui présentent à Luchon une silhouette si pittoresque. Enfin de ce point nous pouvons distinguer l'église de Casaril. — Nous sommes sur les pelouses de *Crabidos* (des isards, *capra ibex*), et bientôt par le col de la *Montjoye* (la religieuse) nous entrons dans les riches pâturages d'Aubert qui s'étendent, sur les deux pentes de la montagne, en France et en Espagne. Croirait-on que les bergers de la vallée d'Aran se sont approprié tout cet herbage jusques très-avant dans notre territoire, que nous souffrons cet état de choses et qu'il y a encore beaucoup d'autres exemples de semblables usurpations?

7° Du pas de Ribessette à l'hospice de Luchon, 2 h.

Si, par indifférence pour les beautés de la montagne, vous êtes resté à cheval sur ces crêtes du port de la Picade, ici du moins, par prudence et par amour pour votre personne, vous devez mettre pied à terre. La descente est rude, on ne peut vous répondre d'un faux pas du cheval, et cette chute serait infailliblement mortelle pour vous et pour lui. Toutefois, on a amélioré quelque peu cet ancien et célèbre passage de Ribessette; néanmoins il est encore fort dangereux, mais à pied on n'a absolument rien à craindre.

8° De l'hospice à Luchon, 2 h. 1/4.

Au lieu de rentrer par la même route, visitez, s'il vous reste un peu de temps, les *cascades des Parisiennes* et *des Demoiselles :* vous n'allongerez guère que de trois quarts d'heure.

4° LE MUSÉE.

VISITE AU MUSÉE PYRÉNÉEN.

Lorsque l'honorable M. West, le nouveau préfet de la Haute-Garonne, est venu jusqu'à Luchon au mois de mars dernier, sa première visite, après les bains, a été pour le Musée. Homme instruit, administrateur habile, il a voulu tout voir, tout examiner, en sorte que deux heures se sont rapidement écoulées au milieu de ces riches produits de nos montagnes.

« Je voudrais, a dit M. West en terminant cette
« séance, que tout voyageur, partant pour la tournée
« des Pyrénées, commençât par visiter ce Musée, parce
« qu'il me semble que tout ce qu'on peut chercher à
« voir et à connaître dans cette vaste chaîne de mon-
« tagnes se trouve ici tracé et parfaitement classé. »

Il n'appartient qu'à un homme d'esprit et de savoir d'apprécier aussi exactement les choses qui ne sont pas à la portée de tout le monde.

Nous n'avons rien à ajouter à ces quelques mots de M. West, qui a saisi et rendu parfaitement l'esprit dans lequel a été institué, à Luchon, le Musée pyrénéen.

Ce Musée, le plus complet qui ait été formé dans nos montagnes, résulte de la fusion des belles séries artistiques que M. Corneille avait réunies dans sa *Villa Gipsy* de Luchon, et des collections nombreuses d'histoire naturelle que j'avais rassemblées moi-même dans mon Musée pyrénéen de Saint-Bertrand-de-Comminges, où j'avais fondé dans ce but une école spéciale de naturalistes préparateurs, dont les élèves et les professeurs étaient occupés toute l'année à exploiter les Pyrénées dans toute la chaîne, pour en rassembler et conserver tous les produits.

Tous ces matériaux rassemblés à grands frais devaient servir à la publication d'une histoire naturelle et topographique des Pyrénées, publication à laquelle je n'ai pu me consacrer comme je l'avais espéré.

Les professeurs que j'avais attachés à mon école des naturalistes de Saint-Bertrand, et qui ont pris part à toutes mes récoltes, tiennent aujourd'hui, pour la plupart, un rang distingué dans le monde savant.

Il suffira de nommer MM. Coquand, professeur de géologie à la faculté des Sciences de Besançon ; Duchartre, professeur de botanique à l'institut agronomique de Versailles ; Munby, auteur d'une *Flore de l'Algérie;* Braguier, auteur de plusieurs ouvrages sur la zoologie, etc. C'est dire que les classifications et les nomenclatures du Musée de Luchon méritent toute confiance.

Je vais réunir ici quelques détails succincts sur les objets les plus curieux du Musée, laissant aux hommes spéciaux le soin d'étudier plus complétement l'objet favori de leurs recherches ; l'un, les minéraux, les roches ; l'autre, les oiseaux, les mammifères, etc. Je ne pourrais, on le conçoit, donner ici la description complète des cinq ou six mille pièces et échantillons qui figurent au Musée pyrénéen ; un gros volume suffirait à peine pour cela : j'ai voulu simplement offrir en quelques pages un *livret très-abrégé*, comprenant seulement les divers objets qui me paraissent devoir attirer plus particulièrement l'attention des visiteurs du Musée.

Toutefois, à moins que vous ne soyez extrêmement pressé, gardez-vous de terminer en un quart d'heure votre visite au Musée, vous donneriez une petite idée de votre talent d'observation. Sachez au contraire examiner toutes choses, sachez lire les étiquettes et le livret, en un mot, sachez être curieux ; c'est un talent qu'il faut avoir grand soin d'imiter, si on ne l'a pas, pour ressembler aux gens d'esprit. Mais encore ici faut-il se garder de toute exagération et surtout ne pas oublier que celui qui parle beaucoup sur des choses qu'il ne connaît guère, fournit bientôt et toujours la preuve de son faux savoir. Pour faire un habile curieux, il faut donc savoir regarder à tout, savoir se taire sur ce qu'on ne sait pas, enfin savoir écouter ceux qui savent....., et tout cela n'est pas facile.

Sculptures antiques, Bas-reliefs.

En entrant au Musée, on voit un certain nombre de *bas-reliefs* et de *sculptures antiques* au milieu des divers produits de l'industrie pyrénéenne.

On remarquera :

8. La *Vierge* de la vallée de Louron, pièce intéressante et d'un grand prix ;

14. Une grande *Inscription* découverte à Saint-Bertrand-de-Commìnges;

20. Une *Pierre tombale* fort ancienne et d'un style barbare. On voit une croix renversée au milieu de lettres très-lisibles, mais entemêlées de caractères inconnus.

On monte ensuite entre deux rangées d'isards, d'aigles, de coqs de bruyères et de bêtes fauves des Pyrénées.

Souvenirs pyrénéens. — Cadeaux de voyage.

On arrive à la première salle du Musée consacrée à la vente des produits pyrénéens et de ces divers souvenirs de voyage que chacun recherche pour faire à son retour les petits cadeaux dont l'usage nous fait une obligation, et qui d'ailleurs, on le sait, entretiennent l'amitié, du moins lorsqu'ils se renouvellent souvent.

Vous y trouverez, par exemple, des bracelets, des colliers, des chapelets, etc., en *vrai jais* de l'Ariége travaillé dans le pays même avec une supériorité remarquable.

Le *jais* ou *jayet* (lignite compacte noir, bois fossile, ébène fossile) est une belle matière qui se prête à un travail très-fini; mais il est rare : aussi l'industrie a-t-elle cherché à l'imiter et à fabriquer à meilleur marché une foule de choses qui imitent le jais plus ou moins bien, et quelquefois si bien qu'il faut être très-connaisseur pour ne pas s'y laisser prendre. On fait notamment, sous le nom de *jais de Paris*, une imitation qui est parfaite. Au reste, on trouve aussi à Paris des bijoux en vrai jais, mais à un prix à peu près double, comme on doit le penser; car le *jais de Paris*, qui n'est qu'une imitation, se vend encore plus cher à Paris que le *vrai jais* dans les Pyrénées. Ce qui est à meilleur marché, ce sont les imitations en verre noir.

Un autre produit pyrénéen plus magnifique encore et plus important, ce sont les *porcelaines* de la fabrique de Valentine, à l'entrée de la vallée de Luchon. Cette fabrique a été fondée par M. Fouques, qui sut découvrir dans les Pyrénées centrales plusieurs gisements de matières minérales propres à la fabrication de la porcelaine. Cette fabrique a obtenu aux expositions industrielles les distinctions les plus élevées. On peut dire qu'après la manufacture impériale de Sèvres, celle de Valentine est la première de France, celle qui fournit les plus beaux et meilleurs produits. Elle occupe quatre cents ouvriers environ. Toutes ces porcelaines sont ici à bien meilleur marché qu'à Paris. Vous les emballerez parfaitement parmi le linge ou dans une petite caisse que vous fournira le commis du musée.

Après le jais et la porcelaine, voyez surtout les *plantes sous-marines*. Ces plantes vivent dans la mer à Biaritz et dans tout le golfe de Gascogne à l'extrémité des Pyrénées et aussi dans toutes les mers, sauf que les espèces ne sont pas partout les mêmes; elles sont fixées sur les rochers, et lors des fortes marées, quand la mer se retire et laisse la plage à nu sur une vaste étendue et jusqu'à d'assez grandes profondeurs, il faut saisir ce moment favorable pour les arracher toutes pêle-mêle en courant; puis, après les avoir lavées plusieurs fois dans l'eau douce, le préparateur les débrouille, les étale et les fixe sur le papier au moyen de pressions calculées selon chaque espèce et à la faveur de la viscosité naturelle à la plante elle-même; enfin, à force de soins et grâce à des préparations récemment perfectionnées, il arrive à leur conserver leurs couleurs, leurs formes et leur éclat primitifs.

Rien n'est plus frais ni plus gracieux que ces productions de la mer; rien n'est plus propre à orner un album, et à ce titre c'est un souvenir de voyage qu'on peut offrir à une dame, à un artiste, à un amateur, et qui ne saurait manquer d'être bien accueilli.

Vous verrez encore les albums de vues des Pyrénées, divers ouvrages locaux en prose et en vers, des collections géologiques et minéralogiques des Pyrénées, notamment la petite *Collection géologique des courses de Luchon*, le plus agréable cadeau que l'on puisse faire à un professeur, à un élève des cours scientifiques, etc., et à bien peu de frais, car vous trouverez au musée de ces collections à partir de 7 fr. 50 cent. et au dessus.

Peut-être serez-vous surpris de ne pas voir figurer au musée ces beaux vases, ces coupes magnifiques, ces animaux sculptés d'une façon merveilleuse que l'on vous aura offerts de tous côtés à Cauterets, à Bigorre, à Luchon même, comme étant des marbres des Pyrénées. Ne vous en plaignez pas; car, à l'exception de quelques objets faits au tour et d'un travail uni et fort simple, tous ces autres objets si riches de sculptures et de décorations n'appartiennent nullement aux Pyrénées. D'abord ils ne sont pas de marbre, comme on vous le dit, mais bien d'albâtre, matière tendre qui se coupe au couteau et se travaille avec la plus grande facilité; ensuite cet albâtre provient de l'Italie et non des Pyrénées; enfin c'est aussi à des artistes italiens et non pas à des habitants des Pyrénées qu'est dû le travail que vous admirez. Il existe en effet, en Italie, de très-grandes fabriques de ces objets d'albâtre, dont le commerce exporte des quantités considérables dans le monde entier. Il en est de même des petits chalets et autres objets en bois qui viennent tous de la Suisse et non des Pyrénées.

De la salle de vente on passe dans la salle consacrée aux oiseaux et aux mammifères.

Les Mammifères.

40. L'*Ours* des Pyrénées debout faisant ses tours. Cet ours fut naguère un ours savant, un élève de l'école d'Ustou, établissement célèbre, où de temps immémorial se pratique l'enseignement mutuel appliqué à l'éducation des ours que les Ariégeois promènent dans toutes les parties du monde.

Le maître d'école a toujours un ou plusieurs ours des plus habiles, des plus savants, et il leur fait faire progressivement leurs divers exercices en présence de ses jeunes élèves qui sont tenus de les répéter aussitôt et qui reçoivent, comme on doit bien le penser, mainte correction, jusqu'à ce qu'ils soient aussi habiles que leur professeur.

Il est évident, on le voit, que c'est l'*école des ours d'Ustou* qui a fourni l'idée première de l'*enseignement mutuel* tel qu'il a été organisé et particulièrement propagé avec tant de succès par les Frères de la doctrine chrétienne. Du moins on ne peut refuser aux ours d'Ustou la priorité de cet excellent système d'enseignement.

42. Le *Bouquetin*, animal très-remarquable par ses cornes les plus grandes connues portant des nœuds saillants et transversaux qui marquent le nombre de ses années. Le bouquetin n'habite que les sommets les plus élevés des Pyrénées; c'est au dessus des grands glaciers qu'on le rencontre le plus souvent, et du reste on ne le connaît guère que sur les sommets qui composent le massif de la Maladetta dans les Pyrénées espagnoles. Les chasseurs assurent que lorsqu'il veut franchir un précipice, il se place sur ses longues cornes élastiques, et que d'un bond en cabriole il atteint la roche opposée. Il est devenu fort rare.

44. L'*Isard*, le joli chamois des Pyrénées, habitant par bandes les hautes stations de la chaîne au voisinage des neiges et des glaciers. Il devient rare, tant on lui fait une guerre acharnée.

45. Le *Chat sauvage* des forêts de la Barousse.

50. Le *Putois* se cache dans les rochers, dans les greniers, et ne vit que du produit de sa chasse. Le putois est un des animaux les plus féroces. Lorsqu'il s'introduit dans un poulailler, dans un pigeonnier, dans un clapier, etc., il commence par tuer tout ce qui s'y trouve, et ce n'est qu'après ce carnage général qu'il choisit une proie pour la dévorer.

52. L'*Hermine*, qui fournit ces blanches et belles fourrures qui portent son nom. Elle est aussi très-redoutée dans les villages, où elle croque les œufs, les poulets, etc. Autrefois elle était la terreur de nos mon-

tagnards qui la considéraient comme un esprit malfaisant, ou comme la forme prise par un enfant mort sans baptême et venant demander du secours.

54. La *Loutre*, animal amphibie, redoutable pour les viviers qu'il visite chaque nuit et qu'il finit par dépeupler. La loutre rend de grands services aux Norwégiens et aux Lapons, qui s'en servent pour la pêche, après l'avoir dressée à cet effet.

56. Le *Desman (mygale pyrenaïca)*. Ce petit insectivore, fort remarquable par son museau qui s'allonge en une petite *trompe* très-flexible et qu'il agite sans cesse, se rencontre seulement dans quelques ruisseaux des Pyrénées. Il porte le nom de *rat musqué* à cause d'une forte odeur de musc qui s'exhale de deux petites glandes situées sous sa queue, et dans lesquelles se trouve un corps gras, véritable pommade musquée.

60. Le *Loir*, dont les fortes moustaches donnent à sa tête un aspect fort singulier. C'est très-probablement cette espèce de rat que les anciens engraissaient et dont ils faisaient leurs délices.

62. La *Musaraigne,* le plus petit de nos quadrupèdes, et dont les flancs sécrètent une odeur tellement repoussante, que les chats n'en veulent point manger. C'est sans doute cette répugnance des chats pour ces petits animaux qui les a fait considérer comme venimeux et capables de tuer un bœuf par leur morsure.

65. La *Taupe blanche*, d'un blanc jaunâtre, variété extrêmement rare. Les yeux des taupes sont si petits, si couverts de poils, que pendant longtemps on les a considérées comme aveugles.

70. L'*Écureuil des Pyrénées*, plus brun que celui de Paris; ses oreilles sont ornées d'une houppe de poils. Ce petit animal, si alerte, si léger, est sans contredit un des hôtes les plus agréables de nos forêts. Sa queue lui sert de parapluie; on a même prétendu que, lorsqu'il traverse les rivières sur un fragment de bois, sa queue déployée au vent lui sert de voile.

Les Oiseaux.

Tous les oiseaux qui figurent au Musée de Luchon vivent ou sont *de passage* dans les Pyrénées, et par cela seul ils appartiennent à l'histoire naturelle de ces montagnes. Je ne donne ici qu'une liste incomplète, mais néanmoins dans l'ordre de la classification suivie au musée, qui est celle de Cuvier.

1° Oiseaux de proie.

75. Le *Vautour griffon*, qu'on ne rencontre guère que dans les Pyrénées et dans l'Afrique, est remarquable par sa collerette gracieuse et magnifique dont les plumes sont aussi déliées que la plus fine chevelure, et quelquefois si blanches, que lorsque la peau d'un de ces oiseaux est corroyée et bien préparée, on la prendrait pour une peau d'hermine.

76. L'*Arrian*, ou vautour noir, plus foncé que le griffon et portant une collerette qui s'élève beaucoup plus haut.

77. Le *Gypaëte*, dont les serres sont si fortes et le vol si puissant, qu'il enlève un mouton et le dépèce dans les airs; c'est ce qui l'a fait nommer le *trinca-l'os*

(brise les os) par les bergers béarnais, qui le regardent comme leur plus cruel ennemi. Cet oiseau, chose rare, a de la barbe sous le bec; il a jusqu'à 4 pieds de long et 10 pieds d'envergure.

81. Le *Percnoptère*.

Ces quatre oiseaux sont les plus gros d'Europe.

87. Le *Faucon* est peut-être l'oiseau dont le courage est le plus grand relativement à ses forces; du haut des nues il fond perpendiculairement sur sa proie. Autrefois on le dressait pour la chasse des grands seigneurs.

89. Le *Hobereau*, moins estimé que le précédent, moins fier, moins vif, moins courageux, n'attaque que les alouettes et les cailles, aussi n'était-il élevé que par les pauvres gentilshommes que l'on nommait hobereaux.

91. L'*Emerillon*.

94. La *Cresserelle*, compagne inséparable des vieux châteaux et des tours abandonnées, est un assez bel oiseau à l'œil vif, à la vue très perçante. Comme l'émerillon, elle peut être élevée pour la fauconnerie.

100. L'*Aigle impérial*, qui habite les pics les plus élevés des Pyrénées, et qui, solitaire comme le lion, défend l'entrée de son désert à tous les autres oiseaux. Les aigles se tiennent assez loin les uns des autres, pour que l'espace qu'ils se sont départi leur fournisse une ample subsistance. Ils ne comptent leur valeur et leur puissance que par l'étendue de leur chasse.

102. L'*Aigle noir des Pyrénées*, plus petit, plus noirâtre que l'aigle impérial, est tout à fait propre à nos montagnes.

106. L'*Epervier*.

108. Le *Milan royal*, remarquable par la longueur des ailes et la rapidité du vol. Son corps n'ayant que deux pieds de long du bec au bout de la queue, ses ailes ont néanmoins près de cinq pieds de longueur.

110. La *Buse Bondrée*. Chasseur intrépide, cet oiseau se nourrit de lapins, de levrauts, de perdrix, etc., qu'il enlève dans les airs.

112. La *Buse* habite le fond des forêts ; c'est un oiseau que l'on croit en général assez stupide et paresseux ; passant souvent plusieurs heures de suite perché sur un même arbre ou sur une motte, il semble attendre le gibier, au lieu de le chasser, comme le font la plupart des oiseaux de proie.

116. La *Chouette*.

118. La *Hulotte*. C'est la femelle de la chouette.

Lorsque ces deux oiseaux sont attaqués par des ennemis trop forts, ils se renversent sur le dos et ne montrent à leurs adversaires que leur bec et leurs pattes pour les déchirer.

120. Le *Grand-Duc*, gros chat-huant, c'est-à-dire chat plaintif. C'est cet oiseau de nuit qui, chassé de sa retraite par les grands froids d'hiver, vient quelquefois se réfugier dans les greniers et jeter la consternation au milieu des villageois, qui regardent son cri plaintif comme un signe de mauvais augure.

121. Le *Moyen Duc*.

123. Le *Petit Duc*.

Ces trois dernières espèces sont remarquables par des aigrettes mobiles placées sur le front et de telle manière qu'on dirait des têtes de chat, d'où le nom de *chat-huant* donné au grand duc.

2° Passereaux.

125. La *Pie grièche*.

130. Le *Merle à plastron*, remarquable par le plastron ou collier blanc qui orne sa poitrine. Oiseau de passage qui semble habiter de préférence la Suède et l'Écosse, et qu'on ne rencontre que très-rarement en France sur les plus hautes chaînes de montagnes, les Alpes et les Pyrénées.

133. Le *Merle de roche*, rare, remarquable par la nuance sévère de ses couleurs.

136. Le *Merle rose*, espèce fort rare d'Afrique et d'Asie, que les grandes chaleurs de sa patrie chassent dans des climats plus tempérés. Ce merle, dont le plumage noir et rose présente en outre de beaux reflets violets, se montre quelquefois dans les Pyrénées vers le mois de juillet.

138. La *Grive*.

140. Le *Fourmilier*, nommé ainsi parce qu'il vit surtout de fourmis.

142. Le *Cincle aquatique*, ou merle plongeur, entre tout entier dans l'eau et se promène au fond pour chercher les insectes aquatiques dans le sable.

146. Le *Chocard*.

148. Le *Loriot*, friand de cerises, habite les forêts; son nid, suspendu par trois petites branches ou trois cordons, ressemble assez à un encensoir.

151. Le *Traquet*, charmant petit oiseau dont le cri imite le tic-tac du moulin.

154. Le *Rouge-gorge*.

163. Le *Roitelet*.

165. Le *Troglodyte* d'Europe, oiseau mouche d'Europe. C'est le plus petit de tous nos oiseaux.

171. La *Bergeronnette*.

178. L'*Hirondelle*.

182. L'*Engoulevent*, remarquable par son bec fendu jusqu'aux oreilles et au delà; il ne sort que le soir.

184. L'*Alouette*.

188. La *Mésange bleue*, charmant petit oiseau à mine chiffonnée.

190. La *Mésange nonnette*.

192. La *Mésange à moustaches*, oiseau fort gracieux, fort coquet par ses moustaches noires si déliées.

194. Le *Pinçon de neige*. Cette espèce est une des plus rares. Les plus hautes montagnes de l'Europe, couvertes de neiges et de glaces perpétuelles, sont sa demeure favorite.

198. Le *Gros-bec*.

203. Le *Bouvreuil*.

207. Le *Bec-croisé*, si remarquable par ses deux mandibules recourbées en sens inverse.

212. Le *Corbeau*, dont le cri lugubre répand la terreur dans les campagnes. De tout temps on l'a rangé parmi les oiseaux sinistres qui n'ont le pressentiment de l'avenir que pour annoncer des malheurs. Cet oiseau vit de 100 à 110 ans.

215. La *Pie*. C'est l'oiseau qui arrive à parler le mieux, beaucoup mieux que les perroquets.

216. Le *Geai*. L'un des plus jolis hôtes des bois.

218. Le *Rolier d'Europe*, ou geai de Strasbourg, rare.

219. Le *Casse-noix*, espèce rare dans nos montagnes.

222. Le *Coracias*, petite corneille à bec jaune.

226. Le *Grimpereau de muraille*. En automne il descend des montagnes et on le voit s'appliquer sur les hautes murailles, les ailes étalées et fouiller dans tous les trous pour y prendre les araignées.

229. La *Huppe* élégante et coquette.

233. Le *Guépier*, grand destructeur de guêpes et d'abeilles ; il creuse dans la terre une galerie horizontale de plus d'un mètre de long pour déposer ses œufs et y élever ses petits.

234. Le *Martin pêcheur* fait son nid dans des trous profonds qu'il creuse dans la terre près des cours d'eau. Sa couleur bleu de ciel en fait l'un de nos plus beaux oiseaux d'Europe.

3º Grimpeurs.

237. Le *Pic noir*. Il n'habite que les forêts de sapins et il est assez rare.

239. Le *Pic vert*.

241. Le *Pic épeiche* habite le tronc des vieux arbres dans lesquels il sait se creuser une cavité à force de coups de bec. On a cru que si, après quelques coups de bec, le pic fait le tour de l'arbre, c'est pour voir si son bec ne l'a pas traversé de part en part. Il est beaucoup plus vraisemblable que c'est pour recueillir sur l'écorce les insectes qu'il a pu réveiller et mettre en mouvement.

244. Le *Torcol*, nommé ainsi parce qu'il a l'habitude de tordre et de tourner le cou de côté et en arrière, la tête renversée sur le dos et les yeux à demi fermés. Le torcol exécute ce mouvement sans précipitation, on dirait les replis ondoyants du serpent.

4° Gallinacées.

248. La *Gelinotte*, qui tient le milieu entre la perdrix grise et la perdrix rouge. La chair de cet oiseau est si exquise, que Louis XIV essaya, mais vainement, de le multiplier en France.

251. Le *Coq de bruyères*, un des plus grands gallinacés connus, et sa femelle (n° 252), qui ne ressemble au mâle en aucune façon. On ne le trouve que dans quelques forêts de sapins ; il y est fort rare.

252. La *femelle* du coq de bruyère dite *Panesse*.

255. Le *Ganga*. Espèce de gelinotte qui n'appartient qu'aux Pyrénées.

258. La *Perdrix blanche*, espèce qu'on ne rencontre que dans les Pyrénées, et seulement aux abords des glaciers. C'est à cause des régions froides et neigeuses qu'habite cette pauvre petite perdrix que la nature, dans sa sage prévoyance, lui a permis de changer quatre fois de plumage. L'hiver, elle est entièrement blanche, et ses pattes sont tout à fait couvertes de plumes épaisses. Ce plumage blanc la préserve alors du froid en réfléchissant sans cesse vers son corps la chaleur qui cherche à s'en retirer en rayonnant vers les corps voisins. L'été, elle est toute marbrée de roux, de gris, de brun, et ses pattes sont nues. On comprend que cette couleur foncée a pour but de favoriser, au milieu de ces régions glaciales, une absorption plus considérable de chaleur très-nécessaire à l'époque des amours et de la ponte. Au printemps et en automne, elle offre des teintes intermédiaires entre ses deux robes si opposées de l'hiver et de l'été.

260. La *Perdrix rouge*.

262. Le *Pigeon bizet*. De passage en septembre et en octobre. Il donne lieu à une chasse très-intéressante propre aux Pyrénées, connue sous le nom de *paloumières* ou *palomères*, chasse aux palommes.

5° Échassiers.

266. L'*Œdichème*. Habite de préférence le midi de la France, et niche dans un trou en terre ou dans le sable.

269. Le *Pluvier doré*.

271. Le *Vanneau*.

275. Le *Court vite*.

279. La *Grue*, oiseau de passage dont les plumes sont recherchées pour orner la coiffure des gentilshommes polonais.

283. Le *Héron cendré*, a dit Buffon, présente l'image d'une vie de souffrance, d'anxiété et d'indigence; n'ayant que l'embuscade pour tout moyen d'industrie, il passe des heures, des jours entiers à la même place, debout sur une seule patte et immobile, au point de laisser douter si c'est un être animé. Réduit à attendre que sa proie vienne s'offrir à lui, et n'ayant qu'un instant pour la saisir, il doit subir de longs jeûnes et quelquefois mourir d'inanition.

284. Le *Héron pourpré*, aux couleurs vives, presque éclatantes, vivant au bord des rivières et se tenant en observation sur une seule patte des heures entières, guettant les poissons au passage.

286. Le *Butor*, autre héron encore plus magnifique.

289. La *Cigogne commune*.

290. La *Cigogne blanche*, originaire d'Afrique et

aussi de passage dans les Pyrénées. La gratitude de cet oiseau, son respect pour la vieillesse, sa chasteté conjugale l'ont fait aimer de tous les peuples du Nord et du Levant. En Brabant, en Hollande, on lapiderait celui qui oserait tuer un de ces oiseaux. Il en était de même en Grèce, en Égypte et dans l'Inde, où les nombreuses vertus de la cigogne en firent longtemps l'objet d'un culte particulier.

293. La *Spatule*, qui doit son nom à la ressemblance parfaite de son bec avec la spatule dont se servent les pharmaciens et les chimistes. Ce bec long, plat et ovale à son extrémité, est nécessaire à cet oiseau pour pêcher dans la vase.

296. L'*Ibis* à long bec recourbé, autre oiseau d'Égypte, célèbre dans l'histoire par le culte et la vénération des anciens Égyptiens, qui croyaient que cet oiseau sacré renaissait de ses cendres. Il traverse aussi la Méditerranée et arrive dans les vallées pyrénéennes.

299. Le *Courlis d'Europe*, tout à fait analogue à l'Ibis, sauf la couleur.

303. La *Bécasse*.

305. La *Bécassine*.

310. Le *Combattant*.

312. Le *Chevalier gambette*, remarquable par ses deux livrées, livrée d'hiver, livrée d'été, de passage aux Pyrénées.

315. Le *Chevalier en robe de noces* dit *le combattant*, l'un des oiseaux les plus curieux de la collection. C'est seulement à l'époque des amours qu'il se hérisse de la sorte et qu'il se donne cette jolie tournure à la Mayeux.

320. La *Poule d'eau* vit continuellement sur le bord des rivières. Cachée tout le jour au milieu des roseaux, le soir elle va se promener sur l'eau qu'elle traverse à la nage.

6° Palmipèdes.

325. Le *Flamant rosé*, qui se fait remarquer par sa belle couleur rose, par son cou excessivement allongé, par ses pattes tout aussi longues, par son bec extraordinaire et par ses ailes si petites qu'il est incapable de voler.

Cet oiseau habite l'Égypte, d'où il est chassé par les tempêtes d'hiver et emporté à travers la Méditerranée jusques sur les côtes de France, d'où les vents le refoulent encore quelquefois jusqu'à Toulouse et dans les gorges des Pyrénées. Celui que l'on voit au Musée a été pris non loin de Luchon, à Saint-Martory.

327. Le *Grand plongeon femelle*.

330. Le *Goëland*. Cet oiseau est tellement vorace et criard, qu'on l'a considéré comme le vautour de la mer. Ce sont les goëlands qui nettoient la mer des cadavres de toute espèce qui flottent à sa surface. Aussi lâches que gourmands, ils n'attaquent que des oiseaux faibles et ne s'acharnent que sur des corps morts.

335. *Le Goëland à manteau bleu*, espèce rare dans le golfe de Gascogne.

342. L'*Hirondelle de mer*, qui par sa conformation et la puissance de son vol ressemble tellement à notre hirondelle de terre, qu'on a cru devoir la désigner sous le même nom. Cet oiseau vit sur nos côtes; il rase la mer d'une aile si rapide, qu'il enlève les poissons qui

sont à la surface de l'eau comme nos hirondelles y saisissent les insectes.

350. La *Sarcelle*.

Poissons.

Parmi les poissons qui habitent les cours d'eau et les étangs des Pyrénées ou l'embouchure de nos rivières, il y en a qui offrent un intérêt particulier au naturaliste et au pisciculteur.

400. Le *Brochet* offre dans ses formes un type remarquable. Sa bouche armée de plusieurs rangées de dents, son corps effilé et ses nageoires développées en font à la fois le plus habile nageur et le plus redoutable ennemi. Sa voracité et sa reproduction sont prodigieuses. On a compté jusqu'à 140,000 œufs dans le ventre d'une femelle, et il suffit de quelques brochets dans un étang pour détruire en grande partie le poisson qui peut s'y trouver.

404. La *Tanche*, vendue bien souvent pour de la truite saumonée à laquelle elle ressemble extérieurement, était autrefois fort recherchée pour la cure de la jaunisse, les inflammations de ventre, les hydropisies, etc. Aujourd'hui elle a beaucoup perdu de son prestige médicinal.

407. La *Truite;* ce poisson est le plus connu dans les Pyrénées. La truite varie dans chaque ruisseau, dans chaque lac. On en pourrait réunir plus de soixante variétés.

412. La *Lamproie* est un des poissons les plus curieux et les plus estimés qui se puissent prendre à l'embouchure de l'Adour. Elle présente une bouche

ronde armée de plusieurs cercles de dents; ses ouïes (bronchies) sont formées d'une rangée de trous placée de chaque côté du cou. Lorsque ce poisson veut dévorer une proie, il applique la bouche sur elle, et à l'aide de sa langue faisant l'office de piston, il fait le vide et suce ainsi jusqu'à complet épuisement. C'est jusqu'à un certain point un mode de nutrition analogue à celui des sangsues.

On ne saurait considérer longtemps la lamproie sans se sentir frissonner d'horreur : on se croit saisi par une sangsue colossale.

Roches, Minéraux, Fossiles.

Remarquez :

815. La *Pegmatite hébraïque*, qui semble couverte de caractères hébreux. Rien n'est plus curieux que cet échantillon.

818. Les excellents *Kaolin* et *Petonzé*, qui produisent les porcelaines de Valentine.

824. L'*Amiante*, soie minérale incombustible que l'on voit fixée sur sa roche.

830. Divers minerais de *plomb argentifère*.

842. Divers minerais de *cuivre*.

857. Divers minerais de *zinc*.

862. L'*Hématite* de Rancié, minerai de fer excellent qui alimente plus de soixante forges.

871. La *Sanguine*, ocre rouge.

876. L'*Ocre jaune*.

882. Le *Jais*, dont on fabrique dans la Calabre, aux confins de l'Aude et de l'Ariége, ces riches bijoux et parures pour deuil qui s'exportent dans le monde entier.

884. Le *Bitume* de Bastennes, digne émule du célèbre bitume de Seyssel.

890. Le *Sable aurifère* de l'Ariége, autrefois la Californie de la France.

897. La *Turquoise bleue*, propre à la bijouterie. Ce n'est autre chose qu'un os fossile de mastodonte qui a pris cette magnifique couleur bleue, parce qu'il s'est produit là un peu de phosphate de fer aux dépens du phosphate de chaux dont l'os est formé.

900. Divers *Jaspes*, etc., etc., et tant d'autres riches matières que récèlent les Pyrénées, et qui y restent inconnues ou inexploitées.

Observez ensuite cette série nombreuse de nos *roches feldspathiques* variées jusqu'à l'infini :

1000. Les *Granites*,
1030. Les *Gneiss*,
1042. Les *Protogynes*,
1049. Les *Gnégynes*,
1055. Les *Syénites*,
1061. Les *Diorites*,
1070. Les *Pegmatites*,
1125. Les *Micaschistes*,
1180. Les *Phyllades*,
1228. Les *Talcades*,
1269. Les *Amphibolites*,
1280. Les *Leptynites*,
1296. Les *Eurites*,
1315. Les *Maclomyres*,
1440. Les *Porphyres*, etc.

Examinez bien ces roches, et de manière à pouvoir les reconnaître, car ce sont les plus importantes de nos montagnes ; et en effet, la nature s'est plu à accumuler et à concentrer dans ces roches les principes les plus actifs et les plus indispensables de la fertilité des terres. D'abord le *Feldspath*, que j'ai pu surnommer le *trésor des champs* (1), ensuite le *Mica*, le *Talc*, l'*Amphibole*, etc., tous minéraux que l'on considérait comme étant presque sans utilité, sans application, tandis que par le fait le Créateur les a chargés du rôle le plus important, celui d'*entretenir à la surface de notre globe la fertilité des terres arables* (2).

Et ici admirez l'enchaînement des lois naturelles.

Réflexions. Haute utilité des volcans, des soulèvements, des inondations, de la foudre, des guerres, du déluge, etc.

Ces roches, qui contiennent les éléments indispensables à la fertilité des terres, ont cependant leur gisement normal et originaire à de grandes profondeurs au dessous de la surface du sol.

Pour les ramener à la surface du globe et les répandre ensuite sur la terre, la nature a introduit dans son système général de lois et de moyens physiques immuables, d'abord les soulèvements de montagnes et les éruptions volcaniques pour élever à de grandes hauteurs sur le globe ces matières fertilisantes, et ensuite les cours d'eau, qui sont une conséquence des montagnes, et qui, partant de ces massifs rocheux, entraînent au loin et répandent dans les vallées, à l'état de limon, de sables et de galets, les détritus de ces

(1) *Cours de Géologie agricole théorique et pratique*, p. 83.
(2) *Cours de Géologie agricole*, p. 170.

montagnes, débris précieux, débris fertilisants, débris qui sont les amendements naturels les plus fécondants et les plus durables.

Toutefois les simples cours d'eau qui descendent des montagnes et qui ont, eux aussi, une double fonction à remplir, l'irrigation et le transport de ces amendements naturels, ne sauraient suffire à entretenir la fertilité sur d'assez vastes étendues.

De grands débordements, à époques éloignées, étaient donc nécessaires pour féconder par les mêmes sables une large zône de terrains tout le long des fleuves.

De là l'utilité et la nécessité des inondations, qui par le fait sont un bienfait de la nature, qui sont le moyen le plus simple qu'elle puisse employer dans l'ensemble des conditions auxquelles notre globe est soumis pour répandre au loin et sur de vastes surfaces les amendements indispensables pour entretenir la fertilité des sols.

Si ces inondations sont pour nous désastreuses, si ce bienfait de la nature nous apparaît comme un fléau, comme une calamité, c'est que l'homme imprévoyant, ne prenant aucun souci d'observer et de reconnaître les lois naturelles, se met sans cesse en opposition avec ces lois, sans s'inquiéter d'harmoniser ses besoins, ses travaux, ses entreprises avec le cadre et les limites que lui tracent et que lui imposent les conditions naturelles dans lesquelles il se trouve placé, conditions auxquelles il ne lui est jamais permis de se soustraire.

Et en effet, que faisons-nous généralement?

Nous élevons des maisons, des usines, des villages, des villes, des routes, des chemins de fer sur les points où les sables et les galets laissés par des inondations antérieures nous préviennent parfaitement que des inondations analogues devront survenir tôt ou tard.

En un mot, soit ignorance, soit inadvertence, nous nous jetons dans le lit du fleuve corps et biens.

Quand le fleuve vient à remplir son lit, peut-il arrêter ses flots pour ne pas nous engloutir et nous perdre? Doit-il respecter nos maisons, nos ouvrages, parce que nous aurons consacré beaucoup de temps et beaucoup de frais à les construire? Nullement; et ces eaux, qui ne sont aussi tumultueuses que parce que, les chassant de toutes parts autant qu'il nous est possible, nous les concentrons toutes ensemble dans le fond de la vallée, ces eaux, qui ne sont grandes et rapides que pour féconder nos terres, pour charrier sur tous les points des galets et des sables précieux, ces eaux détruisent naturellement tout ce qui s'oppose à leur libre parcours et à l'accomplissement de leur mission providentielle.

Tandis que, si l'homme avait soigneusement observé et reconnu le régime naturel des eaux et les lois qui président à la distribution, à l'écoulement et à l'accumulation des eaux à la surface du globe, il en aurait déduit une règle de conduite toute différente.

Il saurait que les eaux, descendant des montagnes pour féconder le sol, doivent, pour atteindre le but de la nature, être affectées de préférence et avant tout autre emploi à des irrigations nombreuses et multipliées; qu'ainsi il doit tendre surtout à dériver les

6

cours d'eau à droite et à gauche dans le haut des vallées pour multiplier les surfaces arrosées, surfaces qui seront également amendées à leur tour, lorsque ces eaux, grossies et bourbeuses, leur apporteront leur tribut de sables et de limons fécondants.

Il comprendrait qu'il doit laisser exclusivement à la culture ces terres qui sont spécialement destinées par le Créateur à être maintenues dans un état perpétuel de fertilité extrême.

Il comprendrait que tout détournement fait au mépris de cette affectation spéciale est une faute grave, une opposition aux lois naturelles, qui peut, qui doit tôt ou tard occasionner un conflit, et dans lequel la nature sera certainement victorieuse.

Il saurait, en un mot, que la meilleure règle de conduite à suivre est d'agir en toutes choses en harmonie avec les lois naturelles, parce qu'alors on obtient toujours de bons et faciles résultats; tandis que, si l'on opère à l'encontre des lois et des phénomènes de la nature, on est victime tôt ou tard d'une conduite qui ne peut être considérée que comme ignorance ou folie.

Et en effet, les grands actes de la nature ont tous un but essentiellement utile et nécessaire; c'est à nous à savoir les mettre à profit et à prévenir les dangers qu'ils peuvent offrir, dangers auxquels il est parfois impossible de se soustraire, il est vrai, mais dont il faut voir la compensation dans les grands résultats qu'il amènent.

C'est ainsi que les excès de froid, qui sont parfois nécessaires pour détruire les insectes et les animaux nuisibles, seront funestes aux plantes cultivées sous un climat qui n'est pas le leur, si rien ne les protége, et au voyageur téméraire qui se risquerait alors dans les passages élevés et déserts.

C'est ainsi que les grands coups de foudre, qui amènent sur les terres des eaux fécondantes chargées d'ammoniaque, frapperont de mort le laboureur ignorant qui s'abrite sous un arbre élevé, et mettront en flammes quelque ferme, quelque meule de foin offrant au feu céleste quelque point attractif.

De même, dans un autre ordre de faits, les guerres, qui sont toujours un malheur sans compensation pour les victimes des combats et un fléau désastreux pour le commerce et pour les finances du pays, n'en sont pas moins considérées comme un bienfait et acclamées par les joies publiques, lorsqu'elles amènent une paix honorable ou des résultats avantageux à la patrie.

J'ai démontré de même la haute utilité des volcans et des soulèvements des montagnes (1) que personne ne paraissait encore avoir entrevue, et je me ferais fort de montrer qu'il n'est aucun phénomène naturel, quelque calamiteux qu'il paraisse et qu'il soit en réalité, qui ne produise beaucoup plus de bien que de mal, surtout si l'on a soin, comme c'est justice, de ne pas tenir compte des désastres résultant des fautes commises par l'homme lui-même, et qui, en effet, ne sauraient être imputés à la Providence.

Enfin le *déluge* lui-même, que l'on a toujours considéré comme un cataclysme épouvantable, comme un grand acte de destruction, comme n'ayant eu d'autre

(1) *Cours de Géologie agricole*, p. 51.

but que de punir et de châtier les hommes pour leurs crimes et leur impiété; le déluge a été, au contraire, un immense bienfait pour la terre entière. Et, en vérité, c'était le moyen le plus simple que Dieu pût employer (1), d'abord, pour rendre la fécondité à la plus grande partie de la surface du globe, épuisée par les végétations antédiluviennes, au moment où la race humaine allait être dispersée sur la terre avec l'innombrable cortége des races animales et végétales créées au même temps que l'homme, enchaînées à son usage et distribuées sur le globe à la même époque, et, en outre, pour livrer à l'homme dans des conditions faciles d'extraction la plupart des métaux et des minéraux précieux qui devaient lui être nécessaires et qui seraient restés cachés et inexploitables dans les profondeurs de l'écorce terrestre, s'ils n'eussent été mis à nu sur mille points par le creusement des vallées et par l'érosion et la subdivision profonde des chaînes de montagnes, qu'une grande irruption générale des eaux sur la terre pouvait seule produire.

Mais je n'en finirais pas si je me laissais entraîner à mes questions favorites de géologie agricole et philosophique qui, évidemment, ne sauraient trouver ici leur place, et qui sont d'ailleurs complétement développées dans mon traité de *Géologie agricole théorique et pratique* déjà cité.

Puissent du moins ces quelques lignes faire entrevoir à quelques esprits sérieux, à quelques hommes élevés, pendant qu'ils viennent prendre à Luchon

---

(1) Ainsi que je l'ai complètement démontré dans mon *Cours de Géologie agricole,* p. 371 à 380.

quelques jours de repos, que les questions les plus simples, les plus vulgaires, lorsqu'on les envisage au point de vue géologique, prennent une face toute nouvelle et une importance qu'on ne leur aurait pas soupçonnée.

Les Marbres.

Remarquez notamment :
2000. L'*Hortensia* de Luchon,
2012. Le *Campan rose*,
2013. Le *Campan vert*,
2015. Le *Campan mélangé*,
2025. L'*Amarante réticulé vert* de la vallée d'Aure,
2031. Le *Mazagran* de Lourdes,
2037. Le *Nuageux incarnat-saignant* de Sarancolin,
2048. La *Brèche africaine* de la Barousse,
2064. La *Brèche grand-deuil* de Castillon, dont on a fait récemment le tombeau de Napoléon,
2073. Le *Serpuliteux noir* de Saint-Bertrand,
2085. Le *Cipolin rosé* de la Barousse,
2093. Le *Statuaire* de Saint-Béat,
2160. L'*Albâtre cristallin* de Bigorre, etc., etc.

Et qu'il me soit permis ici de dire que cette collection des *marbres pyrénéens* est une des plus nombreuses et des plus riches qui soient connues ; qu'elle a été faite sous les auspices de M. de Rémusat, alors ministre de l'intérieur, et qu'elle m'a déjà servi à établir une *Classification générale et méthodique des marbres*, la seule à ma connaissance qui ait encore été faite d'une manière à la fois technologique et scientifique, et qui permette de classer par familles, par genres et par espèces, tous les marbres anciens et nouveaux, quels qu'ils soient et quels qu'ils puissent être (1).

J'avoue que j'attache une certaine importance à cette classification des marbres, précisément parce qu'elle est simple, facile et naturelle, et aussi parce que tous ceux qui avaient essayé jusqu'alors de classer les marbres, ont reconnu que ce classement offre les plus grandes difficultés, et qu'ils n'ont produit en effet que des classifications imparfaites ou incomplètes et plus ou moins inapplicables.

Herbiers, Tableaux, Produits industriels, Costumes, Bibliothèque des Pyrénées.

J'aurais à donner encore quelques détails :

Sur les *reptiles* des Pyrénées conservés dans l'esprit-de-vin ;

Sur les *coléoptères* et les *papillons*, etc., dont les Pyrénées possèdent tant d'espèces rares et précieuses ;

Sur l'*Herbier du Musée*, composé de plus de 3,000 plantes ;

Sur les *Plantes sous-marines* des côtes de l'Océan aux environs de Biaritz, de Bayonne, etc., si admirables par leur fraîcheur, leurs couleurs vives et leurs formes si délicates. On croit voir des dessins, des peintures, tandis que ce sont très-réellement les plantes elles-mêmes, fixées sur le papier et conservant leurs pures couleurs naturelles, comme il est facile de s'en convaincre en en détachant quelques-unes au moyen d'une goutte d'eau ;

(1) Cette *Classification générale* et nomenclature des marbres est publiée dans le *Cours de Géologie agricole* déjà cité, pages 112 à 120.

Sur les *Tableaux* pyrénéens, *sépias, aquarelles,* etc., consacrés aux sites et aux monuments les plus célèbres de la chaîne, et qui sont dus, pour la plupart, à des artistes renommés : MM. Latour, Boilly, Richard, Quinzacq, Lucas, Vidal, Vincent, Paris, Petit, Férojio, Pélegry, etc.;

Sur les *Costumes* des principales vallées pyrénéennes, exécutés avec un goût très-distingué et une exactitude parfaite par les soins de madame et mademoiselle Corneille;

Sur les *Produits industriels* des Pyrénées, à la tête desquels ces admirables *Porcelaines* de Valentine brillent d'un tel éclat, qu'elles semblent éclipser tout le reste, et que le visiteur est toujours tenté de croire qu'il n'est pas possible que de tels produits soient fabriqués au sein de nos montagnes;

Sur les *Curiosités* de toutes sortes rassemblées sur les versants français et espagnols de la chaîne;

Enfin, sur la *Bibliothèque des Pyrénées,* qui complète le Musée de Luchon, et qui n'en est pas la partie la moins importante; car cette bibliothèque, bien qu'elle se réduise à quelques rayons, est la plus nombreuse et la plus complète collection d'ouvrages relatifs aux Pyrénées qui soit connue, et elle offre aux savants, aux médecins, aux littérateurs, aux géographes, aux chroniqueurs, aux historiens, etc., d'immenses et précieux matériaux qu'ils ne trouveraient rassemblés nulle part ailleurs.

Mais j'ai déjà dépassé les limites imposées à cet opuscule, et je crois d'ailleurs qu'il me serait difficile d'intéresser la généralité de mes lecteurs par des détails relatifs à ces diverses parties du Musée, qui en effet ne seront guère remarquées et appréciées que par les hommes spéciaux, auxquels un livret est moins nécessaire.

Objets étrangers aux Pyrénées. — La sphère du roi de Rome.

Enfin une salle est réservée pour quelques tableaux et autres objets étrangers aux Pyrénées.

Ces divers objets n'appartiennent pas au musée pyrénéen, mais à différentes personnes qui les ont adressés pour être mis en vente.

L'objet le plus remarquable de cette série est sans contredit la *grande sphère terrestre*, qui fut faite par ordre de Napoléon Ier pour l'instruction du roi de Rome.

Cette sphère a près d'un mètre de diamètre. Chef-d'œuvre d'art et de science, elle est entièrement faite à la main, mais d'un travail tellement fini, qu'on la dirait gravée au burin. Les grandes lettres relevées d'or sont dessinées avec une recherche et une élégance tout artistiques. Sur toute la sphère on voit des dessins à l'encre de Chine exécutés avec une délicatesse extrême et montrant les produits et les usages de chaque contrée. On y trouve une quantité de notes historiques, statistiques, géographiques, etc., notamment l'indication sur place des batailles qui ont illustré l'Empire, et en outre l'expédition d'Égypte avec le nom des hommes célèbres qui en dirigeaient les travaux, etc., en sorte que cette sphère vraiment royale semble un *monument élevé pour montrer Napoléon maître du monde.*

Le zodiaque est en bois, mais couvert de peintures. On y voit les douze signes peints avec une telle perfection, qu'on reconnaît sans hésitation l'œuvre d'un artiste supérieur.

Enfin le méridien est un grand cercle en cuivre gravé, tout d'une pièce, sans soudure; il est estimé par les gens de l'art avoir dû coûter à lui tout seul au moins 2,000 francs. Quant à la sphère dans son ensemble, on évalue qu'elle n'a pas dû coûter moins de 25,000 à 30,000 fr. et toutefois les prétentions du propriétaire actuel ne s'élèvent pas au delà de 2,000 fr.

Tout connaisseur sera jaloux d'examiner cette sphère avec soin; car c'est une pièce unique et remarquable à tous les points de vue, mais qui ne sera peut-être pas à Luchon pour longtemps; car sa place est certainement ou au musée des souverains, ou dans quelque autre grand musée public, ou bientôt même, après une restauration facile, dans le cabinet d'étude du Prince Impérial.

Or, il n'est pas douteux que quelqu'un de nos ministres, ou l'un des directeurs de nos musées, ou quelque grand personnage, en vue d'un cadeau princier, n'enlève cette sphère impériale pour la rendre à sa destination naturelle.

RESSOURCES DU MUSÉE.

Analyse des minerais, Conseils pour recherches de mines, Préparations d'histoire naturelle, Dépôts, Commandes, Expéditions.

J'ajouterai que le Musée pyrénéen offre des ressources nombreuses et importantes qu'on ne manquera pas d'apprécier en mainte circonstance, par cela même qu'elles sont peu communes dans les Pyrénées.

Ainsi, c'est au Musée de Luchon qu'on pourra porter, pour les faire analyser et pour les soumettre à une étude complète, minéralogique et géologique, les échantillons et minéraux de toute nature dont on aura pu découvrir des gîtes, peut-être fort précieux. On trouvera au Musée de Luchon des conseils éclairés, des avis compétents sur les recherches à faire, sur les travaux à entreprendre et sur les moyens de tirer le meilleur parti d'une semblable découverte. Si au contraire la chose trouvée est sans valeur, on en sera aussitôt prévenu et ainsi détourné d'entreprendre des travaux toujours fort coûteux et qui seraient en pure perte.

C'est au Musée de Luchon que les chasseurs pourront faire monter et mettre en parfait état de conservation les pièces rares qu'ils auront pu prendre dans leurs chasses, les gros mammifères, les grands oiseaux de proie ou les petites pièces qu'ils voudront conserver comme souvenir des montagnes, et toutes celles dont les amateurs et les naturalistes voudront enrichir leurs collections.

C'est au Musée de Luchon que les naturalistes et amateurs en voyage trouveront à se pourvoir de ces divers instruments et objets de toute sorte, qui leur sont nécessaires pour leurs récoltes et leurs préparations, et qu'on ne trouve d'ordinaire que dans les grandes villes, comme épingles à insectes, yeux d'émail, boîtes à herboriser, marteaux de géologue, etc., etc.

C'est au Musée de Luchon que l'on pourra s'adresser

en tout temps par lettre, de la France et de l'étranger, pour faire venir tout ce qu'on pourrait désirer de l'industrie, de la librairie ou de l'histoire naturelle de nos montagnes. Le directeur du Musée expédiera toujours dans les meilleures conditions les commandes de toute nature qui lui seront adressées.

Enfin, c'est au Musée de Luchon que les artistes, les savants, les industriels des Pyrénées pourront adresser leurs produits de toute nature pour être vendus pour leur compte et sans frais. Le Directeur du Musée recevra tout ce qui lui sera expédié, à la seule condition que tous les objets soient réellement d'origine pyrénéenne, ou qu'ils se rapportent directement à quelque partie des Pyrénées françaises ou espagnoles, et qu'ils soient réduits à leurs véritables prix de fabrique ou d'atelier.

On voit que le Musée pyrénéen de Luchon est à la fois un établissement d'un haut intérêt et aussi d'une incontestable utilité, soit pour les étrangers, soit même pour les habitants du pays.

ENTRÉE AU MUSÉE.

Le *Musée pyrénéen* est ouvert tous les jours de 9 heures du matin à 6 heures du soir. On paie 1 fr. d'entrée; mais ce franc est remboursé sur les achats, pourvu toutefois que les objets achetés s'élèvent au moins à 5 fr. : on n'a donc que 4 fr. à payer au lieu de 5, de sorte que la visite du Musée se trouve alors gratuite. Lorsque plusieurs personnes sont ensemble (soit cinq, par exemple, qui auront dû payer 5 fr.

d'entrée), il suffit que l'une d'elles achète un ou plusieurs objets s'élevant ensemble à 25 fr., pour qu'elle ait droit de porter en compte les 5 fr. d'entrée payés par sa société.

Les jeudis toute la journée, et les dimanches de 2 heures à 6 heures, l'entrée n'est que de 50 centimes, remboursables sur 3 fr. d'achats.

Si l'on n'a rien à acheter, on conserve son billet pour le faire valoir un autre jour ou pour le donner; il est valable au porteur pour toute la saison.

Les personnes qui veulent étudier les collections ou faire de longues séances à la bibliothèque, peuvent prendre un abonnement à 5 fr. par semaine non remboursables.

EN VENTE AU MUSÉE :

Vues des Pyrénées, *Tableaux de genre*, paysages, croquis, aquarelles, albums, objets d'art, curiosités, etc.

Bijoux et parures en vrai jais des Pyrénées : *Bracelets* pour petites demoiselles à 1 fr. 50 et 2 fr. *Id.* pour dames de 3 à 6 fr. *Chapelets* en jais à 1 fr. 50 c. et au dessus; *colliers*, *broches*, etc.

Porcelaines de fantaisie pour cheminées, pour étagères, urnes, thés complets, verres d'eau, etc., etc., unies et ornementées, avec de riches peintures, de 1 à 5 fr. pièce et au delà.

Plantes marines de Biaritz *au choix* à 40 centimes pièce et *par collections* de 5, 10, 15 et 20 fr. Objet charmant pour cadeau.

Collection géologique des courses de Luchon correspondant par des numéros de renvoi aux *Bains et courses de Luchon* à 7 fr. 50, 12 fr. 18 fr. et au delà selon la boîte et selon le nombre et le format des échantillons.

Collections de roches, minéraux, fossiles, plantes, insectes, coquilles, etc. de toute la chaîne. Grandes collections pour musées.

Ouvrages divers sur les Pyrénées; poésies de M. Émile Négrin, tableaux géologiques, etc.

Paris. — Imp. Bailly, Divry et Ce, pl. Sorbonne,

www.ingramcontent.com/pod-product-compliance
Lightning Source LLC
Chambersburg PA
CBHW070527100426
42743CB00010B/1985